誰も教えてくれないベンチャー社長学

タカショー社長
高岡伸夫

財界研究所

まえがき

自分で会社を起こして、株式上場したい。頭もそれほど良くないし、お金もない。立地も悪い。そんな条件の中でも株式公開できる。そんな夢のような指南書があれば……。また、そんなわかりやすい本が手に入ればという自らの思いを込めて、私の株式公開の経験をもとに書きつづったのが本書『誰も教えてくれないベンチャー社長学』です。

ガーデニング産業で日本、いや世界の中でもＴＡＫＡＳＨＯというブランドがなぜここまで成長できたかについてのすべてのストーリーがここで明かされます。

会社の経営をしていてよく思うのは、その会社の生まれてから成長し、成熟するまでのストーリーがわかれば、次に続く人にとって非常に判断の参考になり、今後の大きな指針づくりにも役に立つということです。

タカショーが生まれたのは、一九八〇年八月二日の暑い夏の日のことでした。就職して、二年半、田舎の和歌山へ帰り、父の後を一手に引き受け、北は青森八戸から南は鹿児島までサンプルを積んで一人車で安い宿を転々として、飛び込み販売を積み重ねました。しかし、なかなか成果があがらず、ある人のアドバイスで「新しい時代には新しい器をつくらないと成長はない」との話を聞き、さっそく父のもとを去り友人、家内などと、小さな倉庫の中に小さな事務所をつくり「株式会社タカショー」が生まれました。会社設立当初は、電話が一台ありましたが壊れているとしか思えない程一日チリンとも音がしなかったのを覚えています。ひまで家内は電話の横でコックリ居眠りをしていました。これが株式会社タカショーの幕開けでした。

私の就職時は石油ショックの後の不況で、それこそ仕事も少なく、景気の冷えた最中でしたが、時代の背景が変わり、むしろ環境が整った時期になったのだと自ら良い方へ言い聞かせました。起業する時、結果論ですが何より大事なのは時代に乗るということだと思います。衣食住のわれわれの生活の基本の中で試された流通革命は住、それも、住まい（家庭）のうち、家は充足してきましたが、たぶんこれからは庭であるだろうという読みのもとに、人のやらない、やれないものをやろう……、そして、遅れた業種に参入し近代化させることによって、また、顧客を集中することによる経営戦略で大きく成長していこうということで〝庭　くらし〟をテーマに戦略を組んでいきました。

経営の基本は、人、物、金。これのどの要素も苦労の連続でした。人集めも、独特の考え方でＩＱ中心より面接のみのＥＱ（心の指数）に重点を置き、新人のＵターン採用に踏み切っていきました。会社のコンセプトは風、光、水、緑……そして、心で感動するライフスタイルとし、現場の作品づくりを大事にして、空間提案販売をしていこうというものにしました。

しかし、資金も、人も、商品も誰からも教えてもらうことなく、自分で現場を歩き、それこそ、人のめぐり合わせのドラマの中で救われたことがどれ程多かったことか。

その中でも特に経営指針を中心に経営を学んでいこうとする中小企業家同友会との出会いには、大きな希望を与えられました。仕事中心の中で、家庭生活で夫婦としてどのように会話し、お互いの気持ちを理解し合えばいいのかといったこともこの同友会のメンバーから学び取りました。

「思えば事が成就する」――私の人生はその連続でした。しかし、そこには絶対のがしてはいけない会社の経営計画書や人材論、商品戦略論、市場戦略論他の基本が存在します。そして、必ずその時々の段階のステージがあります。

私は後年、このようなことをもし誰かに教えてもらうことができていればもっと近道できたのにと思うことが何度となくありました。

いつか私のストーリーがまとまった時に私が教えていただいた分を、何かを通じて恩がえししなければいけない。そんな思いがある中、今回、出版のチャンスをいただき、まだ五〇歳を過ぎたばかりですが、これを機会に皆様にアドバイスできればと思い筆を取ることにしました。

日本はインフラ整備型産業が終焉して、これからは文化価値創造型産業へと進んで行き、会社もわれわれの生活も豊かで楽しく夢あるものになっていくに違いありません。

若い経営者の皆さんが、迷わずこの本をバイブルに、自分の会社の株式公開までの経営ストーリーをつくる時、きっとお役に立てることと信じています。皆様のご健闘をお祈りします。

二〇〇四年六月一日

高岡伸夫

誰も教えてくれない
ベンチャー社長学

目次

第2部

理論編

第3部　提言編

第1部

実践編

オンリーワン企業・タカショーはこうしてできた

芸能界に憧れて

弘法大師と棕櫚の町

私は昭和二八年三月三日、和歌山の海南市で生まれました。海南は古くから家庭日用品の産地として知られています。それはあの空海（弘法大師）と深い関係があるといわれています。

和歌山には空海（弘法大師）が開いた高野山につながる高野街道があります。空海が一二〇〇年前、当時の中国・唐の西安で修行され、帰国したときに持ち帰った棕櫚（しゅろ）がこの街道には植わっています。棕櫚からは強靱な天然繊維が採れることが古くから知られていました。棕櫚から採れる繊維は強く、腐ることもありませんから、その繊維から縄をはじめ、たわし、マット、ホウキなどがつくられるようになり、海南はそれら家庭用品の産地になって、全国的に有名になりました。

実際、私の父は棕櫚縄などを扱う「高岡正一商店」を開いていました。

私の姉弟は姉が二人で、男の子は私一人。そのせいか大事に育てられ、やんちゃな子ども時代を送りました。

生徒会長から劣等生に

中学は巽中学に進みました。地元にはもう一つ海南第一中学があります。現在、衆議院議員をやっている石田真敏君が海南第一中学で、お互い生徒会長をやったこともあってライバルでもあり良き友人でもありました。

その石田君とは海南高校で一緒になりましたが、私は旺文社の模擬テストでは四五〇〇人中四九番、海南高校では文化系でトップの成績を取ったこともあります。高校時代の前半は私も、一生懸命勉強していたのです。

高校二年で文化系、理科系のクラス分けがあります。優秀な学生は理科系を選択するのですが、私は文化系を選びました。「高岡、何で文化系へいったんや」と、石田君には言われました。

その理由は当時はやっていたフォークソングにありました。すっかりフォークソングに魅せられて、勉強どころではなくなってしまったのです。

左・高岡正一、右・母マサエの若き頃の工場での作業風景。地場でパートさんに来てもらい、堅実な商売を営む。筆者も小さい頃よく手伝わされた。

左・姉千代子、右・トシ子、そして母親・マサエと筆者。3人姉弟の末っ子としてすくすく育つ。

石田君は東大にチャレンジした末、政治家を目ざし早稲田大学の政経学部に入りましたが、私はというと、旺文社の模試でいい成績だったことに気をよくして受験勉強もろくにしませんでしたから、一流大学に入れるはずもなく、たまたま経営学部のある大阪経済大学へ進むことになったのです。

大学では早速バンドを結成して、プロダクションのオーディションを受け、大阪のアクタープロという芸能プロダクションにも入りました。

芸能人になりたい

別にミュージシャンでなくてもいい。落語家でも何でもいい。東京へ出て、風来坊のような生活でもいいから芸能人になりたいと本気で考えていたのです。

だから、桂枝雀さんの弟子で、桂音弥さんという人の弟子になったこともあります。

その方は本名を今井音弥といい、朝日放送のアナウンサーをやっていたこともあるという人でした。当時アナウンサーは給料が高いのですが、桂枝雀に私淑して、アナウンサーを辞め、弟子になったという変わった人です。

その今井さんがアクタープロの先生もやっており、その関係で私はアクタープロのアナ

高校生活では生徒会やいろいろな活動で常に人の前に立ちリーダシップを。楽しい高校生活で友人にいつも囲まれていた。

県立公園「亀池」は筆者の心のふる里でもある。

ウンサー部門に半年間入りました。「アイウエオ」の例の発声練習などをやりながら、今週は○○町のお寺で落語会をやるので手伝ってほしいといわれれば、喜んで応援に行ったものです。応援と言っても受付などの雑用です。高座に上がるわけではありませんでしたが、それでも芸能界の入り口に立ったようでわくわくしていました。

和歌山放送でディスクジョッキーをやったのもこのころです。

淡谷のり子さんの一言

テレビにも出ました。読売放送が放映していた「全日本歌謡選手権」です。一〇人勝ち抜きの歌番組です。五木ひろしや八代亜紀、天童よしみもこの番組に出ていたから覚えている方もおられるかもしれません。一週間抜くにも約二万人に一組というくらいの狭き門です。ちなみに、フォークグループでこの番組に出たのは「南こうせつとかぐや姫」と僕らだけでした。

私たちのグループの名前は「水色の翼」。あの頃「赤い鳥」や「青い三角定規」が活躍していましたから、二つのグループにあやかったようなグループ名にしたのです。

この選手権には女性ボーカルを替えて、二回出場しました。

日本フォーク音楽祭。関西・中国・四国地区決勝でのステージ。司会は千田みつお。吉田タクローの番組で予選を勝ち上がっていった。(大学2年の頃)

学生の頃、TVやラジオに出演していた水色の翼のメンバー(左側が筆者)
ラジオ局のスタジオにて

私がリーダーでサイドボーカルを担当。歌はすべて私が企画したオリジナルで勝負し、最終的には二回とも四週目まで勝ち抜きました。

四週目で落ちたときに、審査委員の淡谷ノリ子さんに「あなたたちは基礎ができてないわね」といわれたのはショックでした。

たしかに歌の基礎などやったことがありません。本来ならプロのグループのコピーをしながらいろいろなことを学んでいくのでしょうが、そんなこともやらずに、ただオリジナルの歌を作り、一発当てようとしていたのです。

この厳しい評価はその後の私の人生を変えました。夢から覚めたような思いでした。とてもプロにはなれないということが身にしみてわかったのです。

そんななかで、親父を横に乗せて、三菱のミニカのバンで得意先回りも手伝っていました。もっともほとんど昼間は大学にも行かず、何もないときは月曜日から日曜日まで毎日パチンコやいろいろなアルバイトをやっていたのですから親孝行などとはとてもいえません。

当然ながら進級テストの時は大変です。ぎりぎりでも通らなくてはいけないので、よく答案用紙に書いたものです。

「すいません、風邪を引いていて思うように勉強できませんでした」

とか何とか。もっとも、現実はそれほど甘くなく、試験は落とされましたが。

いいなずけ

そうはいっても大学で留年する余裕はありませんでした。というのも、すでに一歳年上の現在の家内・淳子と結婚を前提に付き合っていたからです。

淳子とは学生の頃に知り合いました。尼崎市に武庫之荘というところがあります。そこは高級住宅地で、「赤い鳥」の出身地でした。赤い鳥はあこがれでしたから、せめてそこへ行くことでもっときれいな音楽を作れるのではないかと思い、行ったのです。

彼女は保母さんをやってました。

テレビ局の内定を断って

芸能界入りの夢を砕かれた私でしたが、アクタープロでアナウンサーの修業をしていたことと、近所にテレビ和歌山の重役を知っている方のコネもあって、卒業直前にテレビ和歌山のアナウンサー部に運良く内定することができました。

内定したときはバラ色の未来が開けたようでした。喜び勇んで、保育園に勤めていた淳子に電話して「テレビ局のアナウンサーの卵から電話だよ」と報告したことを憶えています。

私はアナウンサーで彼女は保母。これで、結婚しても夫婦でそれなりに格好よくいけると思っていました。

ところが現実は、そう簡単にはいかなかったのです。私は一年半ほど、安い給料で毎日放送でアルバイトをしたことがありました。フォーク音楽祭の全国大会に出たことは先ほど触れましたが、それも毎日放送の主催で、私のなかで、放送局といえば毎日放送というイメージが染み付いていました。

そうした目でテレビ和歌山を見ると、毎日放送との落差が大きすぎました。しかも、テレビ和歌山ができたばかりでスタートは第三セクターということもあって、給料は県庁並みだといいます。これではたまりません。しかも活躍できそうな番組もない。しゃべりはあまり上手くありませんから、そのまま降ろされて営業に回されたら、結局地方でスナックやパチンコ屋への営業で終わってしまうかもしれない。しかも父親からは日頃から「商売がええぞ」と言われていました。

ムクムクムクムクと迷いが心に広がっていきました。大学から推薦状ももらっていましたか

学生時代（大学2年の頃）に知りあった家内の淳子との初めての京都へのデート。

新婚旅行はなけなしの金をはたき、タイのプーケットへ。初めての海外体験。

ら、内定を断ると大学に後々迷惑がかかるかもしれないと聞き、海南高校時代の同期でバンド仲間でもあった岡室宏之君（現在タカショーの役員及び関連会社の社長）に一緒に断りに行ってもらったのです。

岡室君は私と同じ大阪経済大学の出身ですが、成績はオール優でした。かたや私は優が一個だけ。土曜日がたまたま暇だったので、人類学の講義には出席していたのです。人類学の先生は講義への出席を重視する方で、それで優がもらえた。後は不可か可ばかりです。岡室君はオール優でしたから紀陽銀行に推薦で入りました。

その岡室君に同行してもらっておそるおそる内定取り消しを願い出た私にテレビ和歌山の担当者は「そうですか」の一言。いたって簡単に受けてくれましたが、内定からわずか二週間で一転して就職先をなくした私は、途方に暮れました。そこでやおら高いメジャーな求人誌と首っ引きで就職先を探すことになったのです。

たった四人で会社設立

建築金物商社の松六に就職

なにしろ成績が成績ですから、贅沢は言えません。大会社は入れてもくれないでしょうが、仮に入っても組織が大きくては経営を学べません。かといってあまり小さな企業で、会社としてのきちんとした仕組みもできていないようなところも困ると思いました。というのは、いずれ父の仕事を継ぐことも考えていたからです。

そんな基準で選んだのが、大阪に本社がある建築金物の専門商社である松六でした。資本金九千九百万円、年商二百億円ほどの会社です。非常に商売をきっちりされて、海外にも建築金物を出していました。

淳子が尼崎の保育園で働いていましたし、実家からも近いということもあって大阪の会社を選んだのですが、入社後わずか一カ月後に東京支店への転勤を命じられました。それはないだろうと、正直思いました。

関西のフォークグループの間では、関東行くやつは裏切り者だと軽蔑されたものです。一番最初に裏切ったのは吉田拓郎で、谷村新司なども関西でコンサートを開いていましたがやっぱり裏切って後に東京へ出ていきました。いまから考えるとおかしな感情ですが、関西がフォークのメッカだという意識が強かったのです。そのときはフォークグループは解散していましたが、わたしにも、東京へ行くことについては抵抗感がありました。

しかし、この東京転勤は私のその後の人生にとっては幸いでした。

東京支店では特需課といって、ハウスメーカー、たとえばミサワホームの高井戸にある研究所とか昭和アルミなどを回りました。ミサワさんが南極に家を建てる。その金物がいる。そうした特殊な金物を供給するのが特需課の仕事です。

はじめ、通常のルート販売だと思って研修を受けていたら、ある課長に目を付けられて引き抜かれたのです。しかし、この特需課では怒られ通しでした。見積期間と書いたら、その「期間」が抜けたり、数字が一桁違うとか、失敗の連続です。御徒町にある経理学院にも通いましたが、ほとんど毎日御徒町のディスコに通っていたのですから勉強が身に付くはずもありません。

上司は鴨川さんという方でした。大阪から東海道を歩いてきて、飯が食えなくて東京支社に雇ってくれといって、入社しその後特需課に入ったという強者です。

私が入社して一年半ぐらい。ちょうど仕事を任され出したころです。スランプで辞めようかと思って、いつも仕事帰りに行っていた養老乃瀧で鴨川さんと飲んだときに相談したことがありました。

鴨川さんからは、会社を辞めるときは良いイメージで辞めないと一生後を引くと言われました。止められて辞めるのならいいが、止められもしないで辞めたら一生だめになると。そう言われ、同じ辞めるなら止められて辞めようと気持ちを取り直したのです。それで一年間頑張りました。たまたま不二サッシが口座を作ってくれたり、ミサワホームがO型シリーズを売り出して、業績も復活し出した。そんなこともあって私の営業成績も順調に伸びたのです。そこで、これはもう辞め頃かと考えて課長に辞めますと申し出たのです。案の定ちょっと待てと言われました。

もっとも、その後がいけない。課長が、「高岡君、この会社辞めてどうするんか」といいます。私が「商売します」というと、「商売といってもたかだか個人商店じゃないか」と言われた。その時も鴨川さんがかばってくれました。「課長、そんな言い方はやめてやってください」と。そのとき、僕は必ず見返してやると心に刻んだものです。

わずか二年半ほどの東京生活でしたが、東京という巨大な情報都市、巨大な市場を肌で感じたことは、後に私が事業を展開していく上で重要なヒントをいくつも与えてくれました。

大阪は、大阪城以外ほとんど緑がありません。公園が少ないのです。その点、東京へ来て公共事業がしっかりしていることにビックリしました。それにほとんどの大手企業の本社機能は東京にある。この点でも、東京の首都機能は世界でも有数です。

帰郷そして焦燥の日々

辞めるきっかけは家内の年齢もありました。いまとは違って、当時、一般的に女性は二二、三歳で結婚するものと相場が決まっていました。ですから家内を待たせるのは二六歳が限界だと考えていたのです。

これは余談ですが、東京の二年半はお互いに月に二回、三回通い合いました。一〇万五〇〇〇円の安月給の身には大阪までの交通費は大きな負担でした。新幹線だけでなく少し安いからと、夜行バスも使いました。大きな声ではいえませんがキセルもやりました。

そんなことで家へ帰ってとりあえず父親の仕事を手伝うことにしました。

創業は高岡正一商店。夢いっぱいの頃。ここで筆者たちのビジネスのドラマがスタートした。

父親の高岡正一氏。棕櫚縄を小さな工場でつくり、毎日こつこつ家族のために働いてくれた。

一日に一七件、二〇件と飛び込み販売をするのですが、扱っているものといっても、棕櫚縄くらいなもので、まず売る物がありませんから、一年経っても大した進歩はありませんでした。

父親は酒も飲まない、博打も全くしないという真面目な人でした。考えてみれば、子どもを育てるために商売をしていたようなものです。ですから、いくら商売を伸ばそうとしても伸びるはずもなかったのです。

そうこうしているうち一年間経ちました。

私は焦燥感もあり、父親と言い合いになることも少なくありませんでした。「こんなんで大丈夫か」とか「こんなことしてもあかんぞ」とか、当たり前ですが父は子どもに言うように私に言います。こちらもつい「うるさいな」という気持ちになります。そのうちお互いに無視し出して、とりあえず自分でこれからどのような商売をしていくかを考えないとだめかなと思うようになりました。

父親は子どもを育てるために一生懸命仕事をしているわけですが、私は目的が違います。フォークソングを歌っていたときも、人に感動を与えるために歌っていたのです。多くの人に感動を与えるということが学生のころからずっと好きでした。好きというか、そこに意義を感じていたのです。より多くの人に感動を与えたいという思いは社会人になってからも変わりませんでした。

自分でしかできないことをやらないと、結局自分の成果になりません。その点では経営は、芸術的なところがあると思います。

そこで、ビジネスとして考えると高岡正一商店の月に最低で一八〇万円、良くても三〇〇万円では虚しいものがありました。

一生懸命働いて、終わった後に、では次に何をやるかというと何もない。しかも、お客さんを一日に一七件も二〇件も飛び込み販売していても、なかには「帰ってくれ」と言われる。その繰り返しの毎日です。この仕事に意味はあるのかと考えざるを得ませんでした。

人間、一番悲しいのは、望まれていないことをやっているときです。

夫婦でも、奥さんはもらったけど愛されていなかったり、子どもが、おまえなんかいらないと望まれていないと感じれば、悲しいでしょう。ビジネスマンでも会社の中で仕事を与えられない、望まれてなければ同じく悲しいものです。

逆に、人から望まれているときには、どんな難しい、どんな小さい仕事でも、やっていてこれほど楽しいことはないのです。やり甲斐です。働くということは誰かのために役に立つ行為なのだということが身にしみてわかりました。

こんなことがありました。ある年の一月二日、一二万五〇〇〇円で買った軽自動車で、一人で和歌山の御坊に黒竹を取りにいったのです。黒竹は料亭などの竹垣の材料で、年が明けて注文が入ったときのために一五束とか二〇束を在庫として用意しておこうと考えたからです。

仕事に差し支えるとまずいので朝早く出て、午後二時か三時頃帰って来るようにしました。帰ってくると、親父に「正月なのにご苦労さんやね」と声をかけられましたが、あの時ほど虚しく、悲しいことはありませんでした。

なぜかというと、では次に何をしようかということがないからです。これが友だち同士でやっている仕事であれば、お互いに未熟ながら、この次はどうしようかと話をします。そうしたことのない、その日暮らしのような生活に虚しさを感じたのです。

私にとって親父は、明日を語り合うパートナーではありませんでした。夫婦というのは人生のパートナーです。だから夫婦で商売ができるのです。しかし、父親や子どもはパートナーにはなりません。いってみれば主従の関係ですから。

売上の多寡よりも、たった一人の商売は寂しく虚しいということをいやというほど味わったのです。

そんなとき、東京の講演会で「父親の器でやっている限りは何も変わらない」という話を聞いたことがきっかけとなって、私のなかで何かが動き出しました。

ベンチャーリンクの小林忠嗣さんが主催する経営研究会に参加した折りの話です。歌謡選手権で落ちたときに審査委員の淡谷ノリ子さんから「あなたたちは基礎ができてないわね」と言われたことが頭にありましたから、経営の基礎を勉強しようという気持ちは人一倍強かったのです。

考えてみれば、目的が違うわけですから、同じ仕事をやっていても父と私の間で全然話がかみ合わないのは当たり前でした。こうした状況を打破するためにも、ともかく会社をつくりたい。ちゃんとしたパートナーと仕事をしたい。何とかする方法はないかと考えるようになりました。

たった四人でタカショー設立

そして、父の高岡正一商店の信用をお借りする形でタカショーを設立したのです。

昭和五五年のことでした。三五〇万円の資本金のほとんどは父親から借りました。

社名ですが、東京で「すかいらーく」を初めて見たときに、この名前が気に入りました。平仮名の「すかいらーく」というロゴが新鮮に感じたのです。新会社にはすかいらーくに近いイメージを付けたいという思いがありました。そこで高岡正一商店を縮めてカタカナで「タカショー」としました。

新会社を立ち上げるときに、父の信用を活用する必要があったのは、地方では特に銀行の取引をどうするかが大きな問題になるからです。

例えば手形を切ると簡単に言いますが、実際にはそう簡単に手形を切らせてくれません。その点、父が三和銀行と紀陽銀行の二行をメインバンクとして早くから取り引きしていてくれていたことは、なによりありがたいことでした。

私はまだ二六歳でしたから社長と言っても相手にしてくれません。そこで、新会社タカショーの社長には父になってもらい、私は専務ということでスタートしました。ほかに家内と、紀陽銀行を辞めた岡室君が参加してくれました。ですからたった四人、実質は三人のちっぽけな会社です。

父親には従来の高岡正一商店時代のお客さんを主に回ってもらい、私たちは新しい業態を模索することになりました。

棕櫚縄販売という古い業態の家業から新しいビジネスへの転身に対する確信は、短期間ではありましたが、東京にいたことが大きかったと思います。

当時、竹屋さんに行くと、電球が一個灯っている部屋に机が一つあって、なぜかスイッチが点きっぱなしのテレビが置いてあるというのが一般的な風景でした。そして暗い土間のようなところに竹をいっぱい立てている。竹は光を当てると割れますから、暗いところに置かないといけないのですが、その薄暗い場所で世間話をしたりするのです。見るからに古い業態です。

それに、東京でハウスメーカーに通っていたからよくわかるのですが、現場の生産性の低さです。ミサワなどはユニット住宅ですから、受注すればすぐ建設が始まります。ところが造園屋さんはどうかというと、竹は一本ずつこうして貼らないとだめだとかという。いわゆる昔ながらの職人の世界です。

住宅の生産性が上がっているなかで、これではついてゆけません。だから仕事も減っていかざるを得ないのです。

私はこのままでいいとは思いませんでした。どんな立派な家があっても、庭の有りようで家の価値は変わります。庭が立派な家は、たとえ五〇坪でも二〇坪でも価値が変わるのです。庭の評価が家の評価を変えるのです。それだけでなく、町の評価も庭の評価で変わります。あるいは、国の評価ももしかしたら庭というか、ガーデン、公園で変わります。それはヨーロッパを見ればわかります。スイスへ行ってもどこへ行っても、環境を大事にしており、それが町や国の評価にもつながっています。

一冊の職業別電話帳を武器に
――私の情報活用戦略

業界紙を活用

私が昔から一つだけ人より強いところは、情報収集でした。学生のころからずっと経済には興味があって日経産業新聞を読んでいました。

ですから業界の情報は業界紙に集積されているということはわかっていました。そこで、新しい業態を考えるなら業界紙を当たってみるのが一番だろうと思いついたのです。とりあえず業界紙を集めてみよう。業界紙も本社はほとんど東京だということがわかっていましたので、帰郷する際に東京から一冊の職業別電話帳を持って帰ってきていたのです。

その業界紙欄を見ました。林業新聞とか竹産業新聞とかがあって、その中でホームセンターの分野の情報を扱っていたのが家具新聞です。

当時はまだホームセンター専門の業界紙もできておらず、家具新聞の中にホームセンターの新規出店のニュースとか、業態についてのレポートが書かれていたのです。

その業界紙に「広告を出したいので見本誌を送ってもらえないか」と言って、見本誌を手に入れ、その業界紙に広告を出ている業者を攻めていったりもしました。

もちろんそこだけではなくいろんな業種・業態を全部チェックしました。それによってマーケットがどこにあるか、どのようなマーケットが大きくなりそうなのかを自分なりに推測してみました。そうした情報をたどっていくと、新しい業態はアメリカで既に発展的になっていることがわかってきたのです。

衣食住の住まいのニーズ革命が起こり、ハウスメーカーは既に企業レベルで、たとえばミサワホームでは、私が東京時代によく通った東京・高井戸にある総合研究所で積極的な取り組みを見せていました。

ハウスメーカーは、生産性を高め、工業型にして、流通させていくということで、大量生産による、コストダウンを実現したいわゆるプレハブが主流になってきていたのです。

流通ではホームセンターというのが生まれつつありました。多分、これからは住まいに関する業態では人件費がどんどん上がらざるを得ない。というより生産性が上がる一方で、人手を使うものは高くなる。そうすると、いちいち職人さんに頼んでやってもらうということは手間賃の問題でできません。自分でやらざるを得なくなります。欧米人はＤＩＹが好きだといいますが、本当は面倒くさいのです。そうではなくて、人件費が高くなっているから自分でやらざるを得なくなっているということが背景にあったのです。

日本でも住に関する職人さんの賃金が高くなる。そうすると欧米と同じようにいわゆるＤＩＹという業態は広がっていくだろうと読みました。

展示会を活用した戦術

情報を得るという意味で、展示会はものすごく注目していました。業界でも有名なぐらい展示会には積極的に参加しました。

私と岡室君と家内の三人でタカショーを創業した当時は、車が買えません。岡室君の実家がミカン屋さんをやっていて、そこに古い車があったので、それを借りることにしました。

ところが、ラジエーターに穴があいているらしく、走っているとどんどん水が減ってくる。しょうがないので一升瓶に水を入れて持ち込み、ラジエーターの水が少なくなると補給するようにしました。

実務は私と岡室君の二人の担当で、午前五時ごろまでに出荷は終わります。大した出荷量はないのですが、とりあえず二人で梱包して、手で伝票を切って、それが終わったら五時ごろから荷物を積み込んで東京へ向かうわけです。

そのときの売り物は天然竹垣です。

初めて展示会に出展したときはびっくりしました。私は東京にいたころにグッドリビングショーなどを見ていました。どこを見てもすごくきれいなブースです。われわれの場合も、きっとああいうふうにブースが用意されているものだと思っていました。

ですから、展示場に行ったら商品をそこに並べるだけでいいと思い込んでいたのです。行ってみたらとんでもない。床はセメントむき出しで、何にもない。電気は頼まないといけない、床はカーペットを頼まないといけない、壁紙も頼まないといけない。行ってみてどうしようかと、途方に暮れ、二人で冷たい感じになりました。それでも竹の枝折り戸とか、和風の手づくりの竹垣など東京では珍しい商品を並べていくと何とか展示コーナーとして格好がついてきます。少し心の余裕も出てきて、近くの材料屋さんに砂利を買いにいって床を敷き、ブースらしくしました。

こうしていざオープンすると、ものすごい引き合いがあったのです。それはなぜかとい

筆者（中央）と、創業者岡室宏之（後列左）。車で東京まで荷物を積み展示会へ出展。現場には常に自ら立つ。

うと、われわれが持っていったものは全く皆さんが知らない商品だったからです。今では珍しくもありませんが、ガーデニングという新しい業態が始まろうというときですから、反響は私たちの予想を上回っていました。

その展示場で、引き合いがあったところを一件一件名刺をもらっておいて、和歌山へ帰ってから、改めて営業に回っていきました。

私が展示会へ積極的に出展したのは、実は展示会に来たお客さん目当てだけではありませんでした。

一つは展示会に出展できるレベルの会社であると見てもらうこと。実際、展示場にこられたバイヤーさんのなかには、タカショーは本社が一一階建てぐらいのビルだと思っていた方もいました。

一種のＩＲ戦術です。

当時は創業ほんの間もないころで、実態は高岡正一商店といくらも変わらない程度の会社です。お客様の方がはるかに大きい。なかにはバイヤーさんでうちの会社へ来たいという方もありました。来ても何もありません。ホームセンターの部長さんが来られるというので、「すみません。出張でおりませんので」などと言い訳して、いかにして来て頂かないようにするか体よく断るのに困ったこともありました。

もう一つは、業界の情報収集です。展示会で三日間も一緒にいると他の出店業者も退屈してきます。顔なじみにもなりますから「こういうのはどんなところで売るんでしょうね」とか、「おたくなんかどういうルートを使っているんですか」とか、「流通はどうなっているんですか」とひたすら聞くわけです。

仕事でも何でも同じですが、何かやるときに一番いいのは、素直にわからないものはわからないと周りの人に聞くことです。

会社のことにしても。例えば会社のつくり方がわからなければ、だれかに聞けばいいのです。経理がわからなくなってきたら、コンサルティングの先生に聞くべきです。段階、段階で自分が答えを出せないときは、常に聞ける人を持つことが大事です。もちろんその前に、基本的にはまず自分で考えることです。考えて、考えて、一つの意見を持ったときに意見のちゃんとした人、いわゆる経験者に聞いて、最終的には自分で判断することが大事です。

アメリカ視察で時代の流れを読む

展示会を利用することと同時に海外の市場を見ることにも意識して力を入れました。

アメリカ市場を自分の目で見に行ったのは創業して四、五年後のことです。そのときはホームセンター業界の視察団に同行しました。

ロサンゼルスからニューヨークまでを二週間ほどで縦断しました。

アメリカではホームデポというのが一九七九年ごろ、アトランタにできてから、ホームセンターの質が一挙に変わりました。それまではアメリカも、ちょうど日本の今のホームセンターのようにバラエティー型だったのです。

ところが、ホームデポというのは、専業的に、いわゆるカテゴリーキラーとしてホームニーズ、家に関係するものをＤＩＹや車の部品まで含めて、大型店で徹底してディスカウントして売ったのです。それで一挙に変わっていった。私がアメリカに行ったのはちょうどそのころでした。

視察団に同行した人から、かつては隆盛だった会社がいまは潰れてなくなっているという話を聞いて、そうした会社に取って代わったホームデポとはどんな会社なのかということに大いに興味を持ちました。

いろいろ調べてみると、ホームデポという会社の特徴がわかってきました。

例えば社員はほぼ一〇〇%正社員。プロの業者に求人をかけて、一〇〇人ぐらいのうち採用は常に二人か三人ぐらいまで。そして採用したら今度は徹底してプロとして研修するのです。

またホームデポの社長さんは、日曜日には必ず売り場に立っています。それで、お客さんに「何か探し物はありましたか、見つかりましたか」と聞く。見つからない場合には担当者がこっぴどく叱られるのだそうです。遠方から来られたお客様に対して、これだけの売り場を持っていながら、どうしてそういう商品を置いてないのか。また、遠方からお客様が足を運んでくださっているのに、どうして欠品させたのかと。まさにお客様は神様だということを実践しているのです。

そういう話を聞いて、なるほど、これが経営の神髄、お客様のほうに向いている企業が成功するのだということを改めて考えさせられました。

会社がうまくいき出してくると、どうしても自分のほうしか見なくなってくるという話も現地で聞いていましたから、なおさらホームデポの経営の成功の秘訣に納得させられたものです。

それと私が注目したのは、ホームデポのカテゴリーがライフスタイルだというところでした。

ホームニーズというライフスタイルをそろえているカテゴリーキラーなのです。そういうカテゴリーキラーが集まってショッピングゾーンをつくっているわけですが、こういう形態はまだアメリカでも新興ですから、多分こういう新しい部分がやがては日本に増えていくだろうと考えました。実際、ちょうど今、日本はそういう時期に差しかかっています。日本ではいまでもホームセンターがバラエティーストアのままで、例えばトイレットペーパーとか、お酒や乾物まで売っています。スーパーセンター的なものがあるかというと、スーパーセンターとしても今はプラントさんなどはしっかりやっていらっしゃるけども、単なるチェーンストアとして売り上げを求めながら、ホームセンターのような顔をして増えているところはたくさんあるのですが、ライフスタイルとして明確にプロも買いにいける店ではないのです。

ホームセンターを攻めよう

私が生まれた昭和二八年はテレビ放映が始まった年ですが、もう一つ流通業界でダイエーができた年でもあります。その意味で流通革命が始まった年でした。

衣食住の流通革命を考えたときに、衣食の流通革命の始まりは昭和二八年です。その流れに乗って、海南の地場の企業でもどんどん業績を伸ばすところが出てきて、いまでも五億、六億と利益を挙げている家庭用品の会社があります。

そうしたなかで、私は住の流通革命が確実に来ると思いました。住の流通革命というと二つです。ハウスメーカーと、もう一つはホームセンターです。これが必ずや日本を席巻する。そうした企業に早く付いていかないといけないということで、調べてみたらどこもありませんでした。そうすると、取るべき戦略は、住の流通革命に対する流通戦略、商品政策、販売政策を組むことです。しかも、これは黙ってそっと進めなければなりません。

そう考えて、ホームセンターへのアプローチを始めました。昭和四八年にホームセンター事業に進出したカーマホームセンターがまだ四店舗くらいのころです。あとはドイトもケーヨーもまだ草創期で、一人で本部に営業に行って、口座が取れるぐらいでした。エンチョーにしてもまだ一、二店舗のころで、そのころからホームセンターにはアプローチを開始したのです。

売るものは棕櫚縄と竹垣だけ。それでも当時のホームセンターは対応してくれました。

あの当時はホームセンターも売るものが少なかったのです。

最初に商談がまとまったのは、ミスタージョンさん（現コメリ）というホームセンターでした。

三重県を車で営業に回っているとき、行くところもなくなり、たまたま止まって前を見ていたらボウリング場がありました。その前で、ある男性がスコップで穴を掘り樹を植えています。あるいは棕櫚縄が売れるのではないかと思って話しかけると、「それなら一回こっち来てみろ」と、ボウリング場へ連れて行かれたのです。それがホームセンターでした。

当時はボウリングがだめになって、業態変化で、ボウリング場がホームセンターになっていたのです。

そして、「ともかく何でもいいから持ってこい」といいます。売るものがないのだというのです。

日本で初めてホームセンターを立ち上げたドイトさんの一カ月の売上が三六〇万円程度という時代です。

そのホームセンターには日用品とかスーパーの流れの商品や園芸用品、鉢などが置かれていました。

当時、私のお客さんの竹屋さんのなかで、天然の竹垣、天然の袖垣とか、枝折戸なども作れるのだが、売る方法を知らないというところがありました。そんな竹屋さんから、たまに竹垣を売ってほしいと頼まれることもあったのです。「そうですか」とは言うものの、私自身も内心はそんなものは売れないだろうと思っていました。

ホームセンターで何か売るものはないかといわれたときにダメ元で「こんなものもありますよ」と竹垣を見せると、「おもしろい、持ってこい」という。早速車に積んで持っていくと、これが売れるのです。わたしにとっても、意外でした。

そうこうしているある日、ホームセンターの人がチンピラに絡まれたという話を聞きました。

「いったい何があったのですか」とたずねると、部屋が乾燥しているものですから竹がパンパン割れる、それにいちゃもんをつけられたというのです。

ここで引き下がっていれば、それで商売は終わっていたでしょう。しかし私はあきらめませんでした。とって返して、家庭用のポリ袋を作っているメーカーに行って、枝折戸に合う大きさの袋をもらって、包むことにしたのです。これで乾燥による竹の破損は避けることができました。

ところが、今度は逆に密閉したことによって湿気で竹がカビて変色してしまうという事態が起こりました。その問題にはポリ袋のところどころに小さな穴を開けることでクリアしました。

これは小さなことですが、商売というのはその時どき、小さいことでもあきらめず壁を乗り超えていくことが大事だと思います。

こうして実績を積んでゆくと、竹屋さんのほうでもこれまで売っていないところに売ってみようという気運が出てきます。

ところが、さらに問題が出てきました。

住宅を建てるときは梅雨前までに済ませるのが一般的です。庭木も五月ころまでに植えます。竹垣を取り付けるのはその後になりますが、取り付け終わった後の梅雨で竹垣はカビで真っ黒になってしまう。そうすると、「こんな竹垣に金は払えない」と施主さんにいわれます。施工店さんは竹屋さんに金を払いませんから、われわれのところにも金は回ってきません。これには困りました。どうしようかと考えたときに思いついたのがプラスチックでした。プラスティックで竹をつくれば、永久につくったときの形状や色が維持できます。

しかし、問題はプラスチックの竹をつくっているメーカーがあるかどうかでしたが、葬儀用にプラスチック製の丸竹を出しているメーカーがあったのです。葬儀用のものは青竹だけでしたからこれを竹垣用に黄色い竹を作って売ろうと考えついたのです。

人工竹垣のヒント

ところが、期待に反して人工竹垣は全く売れませんでした。例えば東京で販売しようとして、最初は委託という形で造園業者さんに置かせてもらうのですが、委託でさえ嫌がられました。

「いらない、持って帰ってくれ」というのです。「こんなプラスチックのにせものを使うようになったら、わしは仕事をやめる」と。

それから一五年ほど経ったでしょうか。全国竹の大会というのが各地持ち回りで開かれているのですが、熊本で開かれた竹の大会で五つの決議のなかに人工竹垣は使わないという項目があったほどです。

それから二、三年後には、全国一斉に全業者さんが人工竹垣を今度は競って売るようになったのですが、当初は人工竹垣をどういうふうにして売るかを必死で考えました。

バイヤーさんのところへ行ったら、人工竹垣の丸竹プラスチックがあるが、これは洋風ならともかく、和風では使わない。こんなものをつくったらどうかと言われてつくったのが四ツ目垣のユニットでした。日本で初めて人工の四ツ目のユニット竹垣をつくってホームセンターの店先に展示させてもらいました。

それまで竹垣は竹屋さんでしか売っていない珍しいもので、ホームセンターでは見かけない商品です。それに人工竹垣は腐りませんから、ホームセンターの入り口あたりのよく目に付く場所につくらされたのです。

ホームセンターというのは、その当時、珍しいものがたくさんあるということで、開店当時はお年寄りがほんとうに弁当を持って買い物に行ったものです。そのぐらい一日いても楽しく、一般の人には珍しいものばかりでした。

たくさんの集客があるホームセンターの入り口に人工竹垣が置かれたことで大きな反響がありました。家を建てるとき、造園業者に、ホームセンターの入り口にある竹垣を使ってほしいという声が出だしたのです。

こうした声に押されて、今までは人工竹に抵抗していた業者さんも、それならというこ

タカショーがオンリーワンカンパニーのスタートになった人口竹垣エバーバンブー。
和風の空間を作る商品として世界へ輸出もされている。

とで、まず筧から使おうという気運が出てきました。筧というのは、庭の片隅に水が落ちる仕掛けです。竹を突き刺し、中にホースを入れて、水が落ちるようになっています。

これは単価が安いわりに、取りかえが面倒なものだから、これなら人工竹で使ってもいいだろうというわけです。人工竹の使用は、まずここから始まりました。

単価が安く、面倒くさがるもの。そこから入っていったのです。それはタカショーを創業して二年、三年後でした。それをきっかけに、やはり天然物では腐りやすい四ツ目垣などへと広がっていきました。

私は住宅と同様、現場の生産性を高め、高騰する人件費を削減する方向に向かわなければこの業界の近代化はないと読んでいました。現場をいかに標準化させて、工期を早く終わらせ、なおかつ金額が高いほうがいい。それによって当然、生産性が上がります。そういう考えを主張していたのですが、なかなか理解してくれません。

ところが実際に使い出したらみんなびっくりする。あっという間に作業が終わってしまうし、できたらお客さんにも喜んでもらえるし、クレームはない。そんなことで徐々に徐々に広がっていきました。先陣を切ったのは造園さんの新しいところです。そしてホームセンターで展示している地域から広がっていきました。

当初人工竹の製品は竹屋さんの新しい形、竹屋さんの生産性を高める販売方法ぐらいに考えていました。しかし、途中から待てよと思い出しました。業者さんがセットで売りたいというのです。ということは、空間を売りたいということです。つまり、お客さんが望んでいらっしゃるのはライフスタイル、空間だということがわかってきたのです。

京都の庭を想像していただくとわかりますが、庭というのは権威の象徴で、自分の権威を表現するために大きい庭をつくるわけです。そういう庭というものには精神的なもの、心が入っています。空間をつくるとなれば、業種的発想ではだめで、どちらかというとライフスタイル的発想が必要です。その中で、組み合わせによってどんな空間が演出できるかを考えなければならないということがわかってきたのです。

新たな事業への転機をどう摑んだか

ムラウチホビー・高山課長のアドバイス

日本の庭に今から一五年ほど前から洋風化という流れが出てきました。私がそれを教えていただいたのは、ムラウチホビーというホームセンターの高山課長さんでした。

当時、私は天然の焼き丸太垣を持っていっていました。東京は木の文化ですから、丸太垣。関西、京都は竹の文化ですから、竹垣というのが当時の常識で、実際、東京では焼き丸太垣が従来の業種店でもいくらか売れていました。木の文化というのは江戸時代からの伝統で、それが現代でもぱらぱらと売れていたので、持っていったのです。

ムラウチさんにも丸太垣の売り込みをかけました。そうすると高山課長から一言、「高岡さん、考えてごらん。今の、洋風の白壁の家に丸太垣は合わないでしょう」といわれたのです。そして「ためしに中央線沿線を見てみなさい」といわれました。

中央線沿線はミサワホームが非常に強いところです。それに造園屋さんも多い地域です。ですから丸太垣も売れると考えてセールスしたのですが、ミサワさんなどが建てている洋風の住宅には丸太垣は合わないと指摘されたのです。

指摘されてなるほどと思いました。そこで、洋風の家に合う洋風のエクステリアにはどのようなものがあるのか調べるために、一七前に初めてドイツへ行ったのです。アメリカへ視察に行ってから四年ぐらい後のことです。

ケルンの展示会で洋風エクステリアに先手

ケルンには世界最大規模のＧＡＦＡという展示会が開かれていて、それを見てびっくりしました。盆栽のコーナーが一カ所でありましたが、あとは全部、当然のことながら洋風スタイルです。

これをいち早く手がけて、日本のマーケットに持っていくことができれば新しい需要を獲得できる。展示品のうち日本のマーケットでどのようなものが受け入れられるか、どのメーカーの製品がいいかは売り場を見ればわかります。そこで、さっそくめぼしいメーカーと話をして、専売権をもらうことにしました。

ガーデンクラブをディノスで展開

こうして洋風のガーデニングに合うエクステリアをヨーロッパから日本に持ち込みました。同業他社にわからないように、そうっと忍び寄るように。

そのころディノスという会社がガーデンクラブという通販紙をスタートしていました。立ち上げの当初はどこも同じですが、三号目ぐらいに入って赤字になっていたのです。そこでディノスを舞台にガーデンセンターをつくれないかと考えました。

ヨーロッパに行くとガーデンセンターがあります。衣料品の分野でいえば、実用衣料ではなくてファッション衣料の専門店のようなものです。楽しいものがいっぱい並んでいる。日本にはまだガーデンセンターがありませんでした。日本でガーデンセンターをなんとか定着できないかと考えていましたので、通信販売という手段を使ってそれができないかなと思って約一二年前から始めたのがディノスのガーデンクラブです。

人づくりが会社発展の最大の課題

辞めていく社員に教えられたこと

ところで、創業当初から私が恐れたのは人の問題です。会社は人次第だと思っていましたので、どのようにして人を育てればいいかに一番心を砕きました。

一番最初は本当の手探りですから近所の、おばちゃんに経理を見てもらうために、ちょっと来てもらうとか、出荷したり配送したりするための作業をするのに人が要りますから男性の社員も雇うようになりました。男性社員を男性を採るにつれて自分と一緒に仕事をする人、パートナーをどのようにつくっていったらいいのかを真剣に考えるようになりました。

私の頭には樫尾四兄弟の話がありました。樫尾四兄弟というのは、一九五七年六月に小型純電気式計算機「一四–A」を世界で初めて開発した、カシオ計算機を設立した樫尾忠雄・俊雄・和雄・幸雄の四兄弟のことです。その後、同社は世界初のパーソナル電卓「カシオミニ」、世界で初めてのフルオートカレンダー（大の月・小の月・うるう年の調整が不要）機能を搭載したデジタルウオッチ「カシオトロン」、電子楽器「カシオトーン」、一大ブームとなったデジタル腕時計「G-SHOCK」を相次いで開発、現在もデジタルカメラ、電子辞書、TFT液晶などの商品を積極的に展開している国際的にも有名な会社です。

この樫尾四兄弟の話をビジネス誌などで読んで知っていました。だから、会社をはじめたときにまず頭に浮かんだのは、兄弟がいたらよかったのにということでした。どうして僕に男兄弟がいたら会社を一緒にできるのにと思ったのです。

そこで、僕は最初は親戚をあてにして話をしてみました。会社を一緒にやれないかとそっと探りにいったのです、はっきり一緒にやろうとは言わずに。しかし残念ながら、一緒にやろうという雰囲気ではありませんでした。

しょうがない。親戚を経営のパートナーにするのはあきらめました。ではどうしようかと考えたときに友達がいるじゃないかと思いついたのです。ちょうど岡室君がたまたま紀陽銀行をやめていて、彼ならいいなと思って、早速一緒に会社をやってほしいということを持ちかけたのです。

岡室君を会社にきてもらったのはよかったのですが、それから後が大変でした。一人目、です。

三人目、四人目がなかなかうまくいかない。まず、求人をかけてもろくな人材が来ないのです。

人材募集には求人誌を使ったのですが、一番最初は結構いい人が来ました。もちろん採用です。しかし、すぐやめてしまいました。どこが悪いのか。その青年にやめた理由を聞いてみたのです。そうすると、彼は親戚にこんな会社に入ったと相談をしたら、保険もないような会社はやめろと言われたと言うのです。たしかに、当時わが社は設立したばかりで、健康保険と社会保険に入ってなかったのです。保険にはいるとそれはコストになりますから、正直に言うと怖かったのですね。とても保険に入れるだけの収益力がありませんでしたから。だから、保険に入っていなかったのですが、その彼の話を聞いて、その後すぐに社会保険に入りました。社会保険はどうすればいいのか、わかりませんでしたが、相談すれば教えてくれるものです。これも僕にとってはいい経験でした。

その次に入った青年も辞めました。理由は給料が安いからです。こんな給料では結婚できないと言ってやめました。そこで給料を改善しました。手探りの経営のなかでその都度改善できるところは改善していったのですが、やれども、やれども人が定着しないのです。

例えば訪問販売会社をやめてきた若い子が、二週間経ったころ急に会社に電話してきて、どこかへ閉じ込められているというのです。とにかくいますぐ給料が欲しい、たとえ二週間分でもといいます。しかし閉じこめられていて取りに来れない。だから、ここへ振り込んでほしいと。閉じこめられているというのは真っ赤な嘘で、二週間で辞めたのでは給料もくれないだろうと考え、芝居を打ったのです。要するに結局、全然やる気がないということです。保険とか、訪問販売とかをやっている連中は口がうまく、長続きしませんでした。なかには、家に放火してやめたというものまでいました。こうした経験の後、僕が学んだ一つの結論は、新卒をちゃんと採用していこうということでした。

われわれの会社がよほど立派なら別ですけど、当時は並み以下の会社です。求人をしてもほとんどが、われわれの会社より大きな会社をやめて求職に来るのです。うちで勤まるはずがありません。よっぽどうちが甘いか、高給でないと。しかし、そんなことはあり得ません。ということは、結論的に考えると、われわれクラスの会社で、近辺に求職のチラシを打っても、結局、求職、求人のチラシを目当てにぐるぐる回っている人にたまたま拾われるだけで、この状態は永久的に変わらないということに気がついたのです。

新卒を採ろう

それまでは、求人誌で入った人が辞めるのは僕が悪いと思っていました。ほんとうに悩みました。きっと僕のやり方のどこかが悪いのだと。しかし、いくら考えてみても、悪いところなど何にもないのです。何のことはない、相手が悪いのです。それで、思い切ってお金をかけて新卒さんを採ることにしました。二〇年ほど前です。

現在、取締役になっている公門君はその一期生です。初めて新卒の求人を出したときは、応募のはがきが三枚しか来ませんでした。それは見事なものです。応募のはがきたった三枚だけ。その一枚が公門君でした。

僕は、転職するときには就職先を決めてからでないと辞めるべきではないといつも言っています。というのも、うちは人を採用するときは、やめてからの人間は採らないからです。今、仕事をしている人間を採用の対象にします。というのも、仕事の目的というか、価値みたいなものがそれぞれにあります。そうした目的や価値を持ち続けている状態の人ならいいのですが、そうした目的や価値を捨ててしまった人間はだめだというのが僕の考えだからです。

さて、人を採用した後、重要なのは人を見る目と入った人を生かすことです。会社の仕事というのはいろいろあります。経理から配送まで。その中でもまたそれぞれの職種があります。最初はある一定のところまでは、この職種で十分使えるかどうかということを描いてやっていかなければなりません。

創業というのは、どんな商売でもそうですが、人がすべてです。だから、人さえうまくいけば、極端な話、あとはその経営者に時代のニーズをつかむ先見性があれば、どのような仕事であれ成功します。逆にいうと、事業が失敗する原因は、もともとの設定がしっかりできてないというところにあるのです。経営者はだれだって、これから時代の中で何の役に立とうというのか、そうした理念が明確に見えるものです。それはたとえば、新聞を見ていてもある程度はわかるはずです。その中で自分しかできないことを考えればいいのです。

最近、いわゆるオンリーワン企業ということがいわれます。これは事業を始めるにあたって大切なことです。当初は当然のことですが。競争力がないわけですからオンリーワンでないといけない。そのオンリーワンを見つけたときに、それを遂行すべきはスタッフです。自分がオンリーワンの事業を目指して進んでいくときに、当然フォローする人間は必要です。私は少なくとも二人は非常に大事だと思っています。だから、前を向いて進んでいく人間、いわれてみれば僕みたいなタイプは岡室君のような後ろでフォローする人がいないと仕事がうまくいかないのです。

さらに、事業が一定以上になってきますと、さらに人材の採用は重要になってきます。例えば売り上げ帳をつける、仕入れ帳をつける、出荷をしないといけない、経理も要る、分野、分野でみんな区分けしないといけなくなります。それぞれをどういうふうにしていくか。

僕は特に営業所が欲しいと思っていましたし、ネットワークをつくっていきたいと創業当初から考えていました。だから、先ほども書いたように、人をどうするかということが寝ても覚めても頭の中をぐるぐる回っていたのです。

結局、地元に企業がないことが優れた人材が集まらない原因だとわかりました。僕自身のことを考えても、地元に就職先がなかったから、大阪へ出て就職したのです。そうすると、地元で中途半端な人材をそろえるよりも、求人を逆にUターンにかけたほうがいいということに思い至りました。ですから、Uターンを希望する学生の就職説明会には積極的に出るようにしました。会社の規模からいってこっちは不利だとわかっていても、夢を語り、人を集めていこうと考えたからです。うちの会社は何百人も採用するわけではありませんから。そうしたUターン希望の学生の中で一人でもタカショーという会社に入りたいという人がいれば入れようと。まず、第一条件はやる気です。

しかし、当初一番悲しかったのは、求人会を開いてもだれも来ないことでした。合同求人説明会の会場にブースをもらっても、地元の比較的名前の知れた企業のブースには長蛇の列ができる。ところが、スタートして三〇分経ってもだれ一人来ないのです。そのときのつらさ、悲しさというのは経験したものしかわからないでしょう。だれも来ない。公門君と二人で話をしながら時間をつぶすのですが、誰も来ないという事実はごまかしようもありません。みじめという言葉では言えないし、なぜなのかということをそんなところで討論してもしようがありません。そうこうしていると三〇分くらい後にぽつりと一人の学生さんが来ると、その一人をいかに時間を延ばして、ブースが寂しくないか見せる。そんなことまでやりました。

それが二年目、三年目、四年目と経つにしたがって、変わってきたのです。そして一九九八年に株式公開する数年前に、和歌山の有名ホテルで就職説明会が開かれたときには、会場の入り口にわが社のブースが設定されました。その時は正直、なんでよりによって入り口なんかにと思いました。恥ずかしいというか、そんなところブースがあって学生さんが来るのかなと思ったのです。

しかし、開場して暫くすると学生さんが徐々に増えてきました。就職説明会には毎年行っていますが、朝、始まって学生さんが会場に入ってきます。各ブースに学生さんが並びはじめます。地元の有力企業のブースにも学生さんが並びますが、その会社のブースの列は昼ごろ途切れました。ところが、うちのブースは夕方まで学生さんの列が続いたのです。そのとき初めて、あっ、勝ったと思いました。

企業の将来は学生が一番知っています。将来、どこがいいということについては結構考えているのです。学生は正直ですし、よく見ているものです。

株式公開への道

公開を決意した夜

当社が株式公開したのは、一九九八年九月一日です。

株式を公開しようと考えたのは早かった。一九九〇年ごろでした。

それはある出来事がきっかけとなりました。ある夜のこと、家内が話があるといいます。

家内はもちろん自分の健康のこともあるけど、子供のこと、それから資金繰り、人のこと、会社のいろいろな問題がすべて家内にのしかかっていました。私はというと、「そのうち楽になるから、楽になるから」と言って事業を拡大していたのです。

ところが、会社が大きくなるにしたがって、家内の負担はますます大きくなっていきました。

またさらに家内にとってしんどいのは、子供が生まれることです。女性として子供を産むことは当然のことですが、当時は給料計算、経理をやっているのは家内でしたから。社員さんに家内がいなくなると給料が払えなくなってしまいます。資金繰りを考え、それをちゃんと区分分けし、税金もちゃんと計算し、社会保険料も引いて支払うのです。もちろんコンピューターも使っていましたが、基本的にはそういう資金繰りまで含んで家内がやっていました。

ところが、妊娠してお腹の子供がだんだん大きくなっていきます。妊娠八カ月、九カ月になると、もう大変です。どうしようかということになってきます。とりあえずだれかに引き継いでもらいますが、それは一時だけです。知り合いの経理がわかる人に助けてもらったのですが、そういうことが家内にとっては具体的な悩みになってきます。

もともと彼女は保母さんをやっていましたので、仕事には非常にまじめに取り組むたちです。保母さんは尼崎市の公務員。お父さんも旧国鉄マンということもあって非常にまじめな家庭で育ってきました。ですから何事も純粋にとらえる、ある意味では融通性がないのです。商売人の子ではありませんから。家内もまじめに考え、僕もまじめに考えて、二人でやってきたわけのですが、事業の規模を拡大するにつれてだんだん女性と男性の価値観の違いがわかってきました。僕は、事業が大きくなり、会社が有名になったら、きっと家内にも喜んでもらえると思っていました。

ところが、その夜家内が何を言うかと思ったら、「もういいかげんにして」と言うのです。「あなたは売り上げをたくさん上げて有名になって、たくさん税金を納めて、利益を上げて事業を拡大したいと思っている。わたしはパートづとめで十分です」と。まさに人生一度の離婚の危機でした。

それを聞いて、僕は会社をやめてしまおうかとも思いました。もういいかげんにしておこうかなと思ったのです。しかし、その一方で、これからも一〇〇%事業を伸ばしていきたいという気持ちもある。男ですから、野望がやっぱりあります。

それで、翌日、同級生の岡室君（現取締役）と平松昇常務に相談したのです、僕は会社を大きくしたいという気持ちはあるが、これ以上個人で犠牲にはなりたくない。これまでにも個人の担保を入れてお金を借りるとか、会社の借り入れの保証人になるとか、さまざまなことがありました。僕は、そういうことが大嫌いです。何で僕一人だけが家庭まで犠牲にしなければならないのか。しかし、結果としてはこのままでは答えが出てきません。永遠に。

家内の仕事を経理から外してやれること、それから個人保証をしなくてもいい唯一の方法は公開することなのです。では、株式公開するか。するならするで、僕はプロフェッシ

家内は保母をあきらめ、出荷梱包から子供、経理、帳簿づけといつも明るくがんばってくれた。

ヨナルの経営者になるし、目的が明確になりますから、みんなが共同参加できる会社にしようということで、その日を機に、株式公開を目的にしたのです。一九九二年か三年ごろだと思います。売り上げも、月商に一億円〜二億円程度でした。

株式市場は基本的には利益を生む、価値を生む経営に対する投資によって成り立っています。ですから株式を公開する経営者は、そうした投資家に対して明確な経営ができなければなりません。経営の基本というのは、よく言われるとおり、「人と物と金」の論理が非常に明確になって、そのビジネスモデルは永遠に続くという前提がないとだめです。

そういうことがある程度明白になり、それを具現化できて初めて経営者はそれを言葉にしてもいいと思います。それが明確になってもないのに、自分たちのいる業界が大きいから、多分、自分は大きくなれるというのは戦略的でもなく幼稚な考えです。実際、自分の考え、ビジネスモデルを文章化して第三者、特にベンチャーキャピタルのような投資家に一度判断してもらえば、答えはすぐに出てくると思います。

日経新聞の和歌山の支局長だった木村さんという方がたまたまうちに遊びに来られてメモされ、日経産業新聞にぶち抜きでタカショーは一九九八年に株式公開と報道されたことがあります。その記事を見て金融関係者の方がたくさん見えました。当時はまだバブル経済が続いていたころですが、わが社の建家が非常に貧相な建物なものですから、ほとんどの方は一瞬腰を引いたものです。そのなかで、腰を引かなかったのが日本アジア投資さんでした。

同社の担当部長さんが今原社長さんを連れてこられた。今原さんはすかいらーくはじめ数々の企業の上場に携わってこられた方です。その今原さんのお話を聞き、この人がお金を投資してやろうと言ってくれるのなら、公開してみようという判断をしたのです。

そうして初めて事業計画をベンチャーキャピタルに提出しました。（この事業計画書の書き方については第二部でくわしく公開します）

ベンチャーキャピタルですから、投資する限りはたとえ一万円の投資でも投資は投資で、書類がないとだめです。どれだけのお金になるかは別として、大きいお金は望んでいませんでした。いわゆるベンチャーキャピタルとして出資すべきレベルにタカショーがあるかどうかという判断を仰いだわけです。その結果、いいという判断をいただきました。その判断の以降、私の経営も非常に前向きになりました。

自分の思いとして、その論理を詰めていくと、「人、物、金」特に金に対して、自己資金でこのままいけるという自信がありませんでした。それと、家内が経理をやっていましたから、何とか家内を経理から外してあげたいというもろもろのことで、これ以上会社の成長を行うには株式公開しかないということを事業計画書に明確に書きました。

写真は一九九二年度の経営計画書ですが、これ以上成長のためには自己資金留保か、店頭公開を目指すと書いています。その目標は一九九八年ごろと明確にしています。

このころの売り上げ規模はまだ年商二五億円です。その当時に二〇〇〇年度には年商一二〇億円ぐらいと予想していました。実際には一〇〇億円ですが、デフレ不況がなかったら、この位はいっていたでしょう。

経営計画書を書く

和歌山中小企業家同友会に参加して

私は会社が年商四五〇〇万円くらいの規模のころから経営計画書を書いていました。年末ホテルに二週間ほどこもって計画書を書くのです。そのころ一九九七年の年商を一〇〇億円と予想していました。

年末に二週間ぐらいホテルに泊まりまして、毎年立てこもってこういうものを作っていたのです。私は基本的には会社というのは経営計画書、経営戦略、そして商品戦略、その下にある人とモノと金。人を生かす経営が大事だと考えています。それからモノというのは時の現象ですから、その下にある考え方をしっかり持つことが大事です。

金は価値の集まりです。価値観の運用です。価値観、いわゆる再投資という投資の連続性になるわけです。だから、金については、価値という部分をよく見つめた上でやっていかなければいけない。ある一定以上になったら資金は変わってきます。資金は血液みたいなものですから。

人間も小学生の頃、中学生の頃と変わってきます。会社も一緒です。そのときそのときで金論も変わってくるし、人論も変わってきます。ただ一つだけ変わらないのは会社の理念です。元々何のために生まれたのか。何をやっていかないといけないのか。その時どきに時代が必要になったものに対しては責任がそこに来ますから、やはりそれに応じて、会社の方針を変えてでも時代の求めるものを解決していかなければいけない。

じつは、私が本格的に経営計画書を書くようになったのは、三五歳のときに和歌山中小企業家同友会に入会したのがきっかけでした。

当時、海南市にも和歌山中小企業家同友会をつくろう気運が高まっていたのです。それで海南の企業人も出てほしいということで私も誘われたのでした。正直に言って私は最初、同友会というから、てっきり経済同友会かなと思っていました。

私の勝手な思い違いだったのですが、それでもメンバーさんは全国にまたがっていますから、そういう組織に参加できるということに対しては、非常に誇りを感じ、また緊張しました。実際に行って見ますと、もちろんわれわれ以上の規模の会社が多かったですから。そのときのわが社は、社員が、一〇人か一五人ぐらい。年商は一五億ぐらいでした。

中小企業家同友会ではセミナーがあり、その後懇親会があったのですが、たまたまそのときに同友会東京支部長の（当時）井上さんという社長さんにお会いし、経営計画書というものを見せてもらったです。実際に、見せていただいた内容についてはほとんど今では記憶にないのですが、経営計画書というものがこういうものかと思いました。もっとも、それまでにも自分なりにそれらしいものは書いていましたが。

夜の懇親会があって、自分で井上さんの横に座りにいったのです。翌日は朝一番で事務局に行って、井上さんが置いていかれた経営計画書をお借りしました。それを見て、自分なりに勉強しました。

こうしてつくったのが、手書きの計画書です。

具体的に何をしたい、どうしたいということ、そして売り上げ推移も書いていきました。当時、マイクロソフトのビル・ゲイツも二週間、一カ月と山小屋へ泊り込んで経営計画を練っているという話も聞いていましたし、やっぱり一年に一回、特に年始からその方向性を明確にしてスタートしようということで、年末ホテルに泊まり込んで経営計画書を書くようになったのです。

縁を大事に

さまざまな人に教えられ

愛知県にカーマホームセンターというのがあって、お客様、業者様にも、我々にも、社員様にも幸せをという基本的な考え方を教えていただきました。

さらに、そこに長島さんという後に社長になられた方いました。その方は全国屈指のコンピューターのシステムのSEでした。ターンアラウンドとか、ポスシステムをホームセンターに取り入れ、棚割りの標準化などを進められて、一挙に目に見えないところでの利益をあげるのに成功され、やがてそのソフトがほかへも流れ出て、今のホームセンターのシステムとか、E.O.Sシステムが当たり前のようになったのです。それが今の電子取引に発展していったのですが、そうしたことをそこで学んだのです。

例えば最初は発注書は運送便で送られてきました。その後、ファックスになり、ある段階以上になると、パソコンの端末のリースしますという具合に段階的に学んでいくわけですが、では実際にはどういう風にやったらいいのか。バーコードはどう貼るのかとか、ターンアラウンドとはどういう意味なのかといったことを学んでいきました。

それによって商品回転もよくなるし、もちろん在庫もたまらないから現金処理ができる。そうすると、現金払いしてもらえますから資金繰りが助かったり。そうして一つずつ教えていただいたのです。

一九八〇年にこんなこともありました。株式会社をつくろうと考えていたころで、まだ実際には有限会社だったころのことです。

そのころ、パソコンを何とか入れたいと思い、販売会社の方に来ていただいたことがあります。一通り話が終わったところで、その人に相談を持ちかけてみたのです。

「うちはコンピューターの会計、経理も非常に迷っているし、第一株式会社ではなくて、今、有限会社なんですよ。何とか株式会社にしたいんですけど」と言ったら、「それは簡単ですよ、僕に任せておいてください」と言ってもう一枚の名刺を出したのです。

その方はＴＫＣの海南地区のメンバーだったのです。それが縁で株式会社を設立してもらいました。

このように、人の縁というものは大事です。縁というのは努力の結果の縁です。縁があるとよく言いますが、縁というのは努力をしないと縁にはならないということです。待っていてはだめです。縁というのは、人と人が知り合っただけでは縁にはなりません。例えば食べたくもないような人においしいものを出しても食べないのと同じです。縁は思いのある人に有利に働くのです。「こうしたい」という思いが縁をつなげていくのです。さらに縁があってもその後、努力しないと仕上がりません。よく縁がなかったと言いますが、それは努力しないからです。だから、縁があるというのは、結果、努力したということなのです。

そのときには、いつもこちらの思いがしっかりしてないとだめです、何をしていきたいかというおもいです。

去年優勝した阪神球団の星野監督の話ではありませんが、「勝ちたい！」というその思いが結果を生むのです。何をしたいかわからない経営者がうまくいくことはありえません。経営者は具体的に何をどういうふうにしたいか。こうしたいというその思いをちゃんと常に頭の中に描きながら縁を見つけていって、なおかつ辛抱強く極めていく、努力していく。これが経営の極意だと思います。長い努力の結果、残った者が勝つのです。そうしたことも教わりました。

サラリーマン社長は健康な人、最後残った者勝ちだといわれることがありますが、それは違います。その社長の下に優秀な幹部がいるからです。

幹部までは選択できますが、トップというのは全責任を受けないといけない。だから体力が要るのです。判断力と体力があって、人柄とか、社会から後ろ指を指されない、代表的に思いがちゃんとしているような人がトップに立つのです。ですから、最後残るのは健康で辛抱強い人ということになるのです。

ライバルに勝つ法

人工竹への挑戦

タカショーにもライバル企業はありました。タカショーがつくる商品というのは他の企業でつくれないというものではありません。

人工竹はもともとゼロからつくっていきました。当初はそういう製品をつくっているところから買っていたのです。いわゆる外注でやっていたわけです。その後、機械を買って自分のところでやろうと考えるようになりました。

原価を調べたらすぐわかります。自分の仕入れ原価と、材料原価を比べてみるとすぐわかります。それで、真空成形機を買い、徳島ガーデンクリエイトをつくったのです。

当社の製品は、真空成形機で行います。実はこれも政策的に考えた上でした。大量に簡単にできるものを造ってもオンリーワン企業にはなりません。インジェクション、押し出し成型は大量に製品をつくるものですから、どうしても値段が下がります。いわゆる大きいマーケットはやらないということです。

人のやれない、やらないものをやろう。調べたら真空成形機は大量にロットが必要なものはつくらないのです。大量にロットのないもの、例えばあまり量をつくらないものについては真空成形機でつくるのです。

人工竹の課題は、竹の何とも言えぬ情緒性を出せるかどうかでした。

金型でインジェクションや押し出しで造ったのではこの情緒性を出すことは難しかったのです。そこで大量にロットがいかなくて、なおかつ生産性が悪いようなものをやろうということで真空成形機を始めたわけです。

大手の会社は営業マンが例えば五〇〇人いますが、うちは五〇人です。製造方式のボリュームは全く同じであるとするとどうなるか。販売生産性が違ってきます。五〇個できるとしますと、この五〇個を大手では五〇〇人の営業マンで分けないといけませんが、こちらは五〇個を五〇人で分けられる。そうすると、どっちが勝つかわかりますね。そういう政策を組んだのです。

例えば、ＦＲＰの人工竹垣をやっていたとします。年間の生産数量を調べると、例えば三〇〇〇枚出るとします。三〇〇〇枚できたら、売り上げは全部売ってもて三〇〇〇枚しかありません。問屋さんは一軒だけではありません。メーカーも全国回っていろいろな問屋さんに売っています。おたくの営業マンはたくさんいて、ここのメーカーさんも全国で一生懸命売ったとしたら、一人頭にして月に二万五〇〇〇円ぐらいしか売り上げないですよ。それでもいいのですかと言うと、しーんとしてしまいます。

タカショーではその生産性を高めるために、複合型の処理にせざるを得ないのです。われわれはＦＲＰではなくて、もっと生産性の上がる真空成形に直して、なおかつその商品だけではなく、柱をつけて空間にし、それによって問屋さんの販売生産性が上がるようにしているのです。

それは裏を返せば、ライフスタイル型で空間を見せる売り方ということになるわけです。お客様ともそういう話がテーマになるし、発想が近づいていきます。

どうしてこのような発想を行ったのかということですが、私は先発業界を調べたのです。例えば一番顕著なのはファッション業界です。

ファッション業界では最初は実用衣料が主流でした。それが次第にファッション衣料へ入っていき、しかも最初はネクタイだけとかスーツだけだったものが、トータルな着こなしでファッションを考えるというふうになってきました。

ということはわれわれもファッション業界でいえば、全体の形を着こなすという方法で見せないといけないということです。単品デザインではなく総合デザインで提案する時代になるということです。

特許戦略に力を入れる

それに加えてタカショーの強みは特許です。ライバルと比べてこれがタカショーの圧倒的に強いところです。

私がパテントに力を入れるようになったのは、これも人との出会いでした。後に民主党の代表になった菅直人さんも東京工業大学出身の弁理士ですが、菅さんの関西後援会長をしている大阪のSさんが開いている特許事務所があります。

私は松六の東京支店時代特需課におりましたが、特需課というところはもともと相手の仕様に合わせて図面をかいて、それを外注で出して、物をつくり、それをたとえばミサワホームさんに納めるということをやっていたわけです。そういう訓練を少しやっていましたから、パテントというものが大事であるということはわかっていました。むしろパテントにあこがれていたともいえます。

最初、竹垣の横に穴をあけて、連続してつないでいくということを考えました。生竹で、ミニチュアの竹垣です。それで、パテントを取ろうと考えたのですが、意匠登録ではすぐ外されますので、実用新案でなければいけないと思い、隣り合った竹同士の横に穴をあけておいて、こっちも穴をあけて繋いだのです。一応その方法をパテント申請しようかと思って探したら、Tさんという特許事務所がありました。そのTさんはノーリツ鋼機の特許を扱ったこともある有名な先生ですが、その先生が亡くなられて、そこをSさんが買い取ったのです。

その関係もあってすぐに仲よくなり、先生からいろいろアドバイスをいただきました。先生は、「会社名は商標をとっているか」と言うのです。「どうしてですか」と聞くと、上場してから会社名で引っかかって、億単位で金を支払うことになった企業があると言うのです。それはともかく、その先生のおかげで、商標も実用新案も工業特許もずいぶん取ることができました。ですから、特許件数は業界では当社が圧倒的です。

ではパテントというのはなぜ取るのか。ここが一番大事なところなのですが、だれでもまねができるから取るのです。ということは、大して技術力のないものはとらなければだめだということです。逆に独自の技術があるものは、真似ができませんから取る必要はないのです。

力がない者のために、パテントとか、商標とか、意匠というのは設定されているのです。だから、力がなき者こそとらないといけない。実際、当社もそれで守ってもらいました。これは大きかった。パテントがなかったら、利益ははるかに小さなものになっていたでしょう。

人の出会いは大事なことを改めて痛感しました。

いろいろな問題で相談するときに、僕は常に一番手の人を探すことにしています。

Sさんは日本弁理士協会の副会長もしておられましたし、家庭用品の業界を知り尽くしていて、もちろん上場会社のいろんなところのコンサルもしておられました。その知り合いの方がE法律事務所というUさんがやっておられる法律事務所で、法律関係はこの方にお願いしました。ですから、何か問題が起こったときに、お互いに相談してやっていただけます。こういうことも非常に大事なことです。

独自の販売方法を編み出す

それから、タカショーでは独自の販売方法をとっています。まずお客様に在庫を持たせません。在庫を持たせませんから、ほかに売りようがないのです。カタログを発行して、在庫して、営業して売れば、当然、競合先は出てきます。しかし、在庫を持たせませんから当社の競争先になるのは大変です。このように競合しても勝てる独自の仕組みを最初から考えているのです。

これは毎日考えています。販売競争のシミュレーションをしていくわけです。山から攻めていくか、平野から攻めるか、いろんな考え方があります。そういうことをずっとやってきました。他品目の部品を部品として販売できるところはありませんし、そこに意匠、実用新案といった特許でかためていますから、おそらく、他社では同じプログラムはそろわないでしょう。これもタカショーの強みになっています。

銀行との付き合いを大事にする

支店長の一言

事業を展開する上で重要なことの一つに銀行の存在があります。これは若い起業家のかたからよく質問されるテーマでもありますので、私の体験をご参考までにご紹介したいと思います。

人工竹を一番最初に外注で造るときに型が必要でした。そのときの旧三和銀行さんの支店長が、Tさんという方でした。

当社の取引銀行は三和銀行さんと紀陽銀行さんだけで、そのときの三和銀行さんの支店長が非常に立派な方で、これも素晴らしい出会いでした。

僕は銀行からお金を借りるには、足しげく通いなさい、説明に行きなさいと聞いていました。実際、新しいことをやるときには一応報告をしにいっていたのです。

人工竹のときには三〇〇万円か四〇〇万円が、必要でした。型代を現金で払わなければいけない。こちらもまだ信用がありませんでしたから。しかし、支払いまで一週間もありません。困ったなと思って銀行へ行ったのです。

銀行の支店長さんのところへ行くと、「まあ、どうぞ、どうぞ」と言って、話が始まりますが、一向に肝心の融資の話にならないのです。三〇分か一時間ほど話したでしょうか、最後になって、「ところでお幾らお要りようですか」と一言。いや、これこれですと説明すると、「ああ、わかりました」と言って、ＯＫです。肝心の話はほんの三分ほどでした。「あなたは必ず立派になるから、しっかりと頑張ってくださいね」と言って励ましてくださいました。

それがやがて必要な資金の額も大きくなり、ベンチャーキャピタルを手段にして株式公開によって市場から資金を調達するというように、段階的にいったわけです。

それはいろんな人とまともに渡り合いながら、いい人に出会えたからです。そして、甘やかせられなかったことが良かったと思います。

ところで、当社の銀行取引は都市銀行さんと紀陽銀行さんの二行だけだと言いました。これは父親から言われていたからです。もし都市銀行さんにお金を貸してもらえないようなら、その計画をすべて考え直せといわれました。

都市銀行さんがおかしい顔をするような計画はどこかに問題がある。逆に、都市銀行さんでオーケーが出るということは、うちが第三者の査定、いわゆる企業としていいかどうかをちゃんと標準査定してもらっていることであると。不良債権でも貸し出してしまうような銀行と付き合わなかったということは、大変良かったと思っています。

和歌山に阪和銀行さんという経営破綻した銀行があります。うちにはその銀行の名刺は一枚もありませんでした。もちろん取引もありません。実は株式公開する三年ほど前に、公開する株を買ってもらえたら取引してもいいですよという話をしたことがあります。

公開の準備はきっちりやりましたが、当社の株は買ってくれませんでした。すでに銀行にいろいろ問題があったのだと思います。実際、紀陽銀行さんへ行って同じ話をしたら、一発で買ってくれました。三和銀行さんも投資していただきました。阪和銀行さんとは大違いでした。

そんなこともあってその後も取引は二行に絞り込んでお願いしました。

銀行への支払いは通常、二〇日締めの翌月一〇日で払いというのが地元の慣習でした。それを僕は二五日払いに、一五日だけ延ばしてもらったのです。お客様からの入金は二〇日に大体入ってきます。それを二五日に払えるということで、資金繰りにものすごい余裕が出ました。

それは計画的に行いました。まずしっかり利益が上がっている。それからもう一つは公開するためということで、支払いを統一したい旨を明文化して、両行とも同じにしたのです。

決算書をつけて、利益が上がっていることを証明するのです。さらに、こういう目的のために使うと。それを銀行に待っていったのです。しかも一番経営状況のいいとき。苦しいときは、絶対そういう要請は出せません。こういうこともよく考えて行うべきだと思います。

こういうことは東大を出たとか、一流大学を出たということとは関係ないのです。もちろんいい大学を出たほうがいいとは思いますが、一番大事なことは、すべての人がそれなりに真剣に対応してもらえる人付き合い。それによって信頼、信用がどういうふうに形成されていくか。ですから人をどうつくっていくかということがものすごく大事なことなのです。経営というのはやっぱり人づくりなのです。

人との出会いが企業を大きくする

強く思えば実現する

人との出会いの大事さを教えてくれたのは石田拓照という専務です。宗教家ではないのですが、宗教的というか、ともかく精神論者なのです。

彼は一八歳で単身海外に渡り、長い海外生活を経て帰ってきたのですが、その一年後にたまたま業者さんの紹介で会ったのです。それがきっかけで、何となく手伝ってもらうことになり、何となく社員になって、何となく専務になったのです。

不思議な人でした。その彼がいつも言っていました。「やりたいことは思え」と。

下関の工業高校だかを出て単身でタイに渡り、機械が多少いじれるというので、それを買われてヤンマーディーゼルの現地のマーケットを一人で開拓していったのです。

この人自身が思いのものすごく強い人でした。

この石田さんと一緒に仕事をし出したときに、私は営業所を持ちたいと思っていました。

なぜかというと、営業のために僕は車で遠くまで出かけることがたびたびありました。新幹線とか飛行機を使うということなどこれっぽっちもありませんでした。どう考えても採算が合わないからです。第一、新幹線や飛行機ではサンプルを積んでいけません。当時はカタログもありませんでした。だから、関東に営業所が欲しい。でも、どうしたらいいかと思っていたのです。そうしたら、一言、専務が言うのです。「営業所をつくりたかったら、つくりたいと思え」と。どういうことかわかりませんでしたが、強く思えば、必ず思いは報われると石田さんは言うのです。思いが実現すると。

それは奇跡的でした。ある日ファックスが鳴ったのですが、受話器を取ると電話に切り替わってある男性が電話口に出たのです。増川さんです。現在監査役をやってもらっています。この人は、S商事の外注の緑化関係の資材を一式受けている仕事をやっていたのですが、交通事故に遭って入院し、なんとか退院したものの、S商事では面倒を見てもらえず、それでも飯を食っていかなければいけないから、わらとかこもとかの緑化資材の売り手を探していたところでした。

緑化テープといって、木の根巻きに使ったりする麻のドンゴロスという袋があります。それをタカショーではちょうど売り始めていました。大手メーカーとは取り引きできませんからうちみたいなところを探していたのです。そんな折りに、たまたまうちの荷札を見つけて、電話をかけてきたのですが、それが間違っていて、ファックス番号だったというわけです。

僕はすぐに飛んでいって、うちのお客さんになってもらいました。しかし、ふっと待てよと思ったのです。そういえば、増川さんのところは個人で緑化資材を扱っているが、これから子供さんを大きく育てていくためには、わらやこもだけでは大変だなと思ったのです。ならば、お得意さんも持っていることだし、タカショーの営業所としてやってもらえないかなという気持ちも半分ありました。

増川さんは自宅を事務所代わりに仕事をしていました。だから、もしかしたらいけるかもしれないと思ったのです。お会いすると奥様もしっかりしているいい人です。それで思い切ってお願いしたら、「わかりました、ちょっと考えてみます」と言うのです。何年かかかりましたけど、その仕事を捨ててもらって、タカショー営業所の第一号である関東営業所の仕事を引き受けてもらうことができました。

石田さんがいうように、強く思った結果、僕の関東営業所が造りたいという思いは実現したのです。

第二号は九州でした。九州は出張するのも大変で、もうやめようと思っていました。しかし、そうはいってても売上も上がってきていましたから、捨てるにはもったいないし、と迷っていたのです。

九州では、Gという、久留米にある鉢のメーカーさんの展示会へうちも出店していました。先ほどお話ししたタカショーの新卒第一期生の公門君と一緒に行ってブースをつくっていたのです。会場で向こうをふっと見ると、頭がちょっと薄くなって目がくりっとした人が、一生懸命前かけを巻いて灯籠などの石を運んでいます。人柄もなかなか良さそうでした。

いろいろ話を聞いたら、S製薬の九州でナンバーワンの元営業マンだったといいます。その後、六人で独立し、その人は、東京の百貨店で地場産品を売るための九州からの発送の担当になった。ところが途中で空中分解してしまって、結局、食っていかないといけないから、八女の石、八女の燈籠などを造園屋さんなどに売っていたのです。

それを聞いてふっと思ったのです。この人に頼んだら、もしかしたら九州営業所を引き受けてもらえるかも知れないと。それで、帰り際に「うちの営業所をやってもらえませんかね」と話を持ちかけてみました。そうしたら、また「考えます」と言うのです。その次の日、北九州の駅まで来てくれました。そこで詳しく話をしたのです。

話を聞いてみるとなかなか優秀な家庭です。奥様には、子供が小学校六年になるまでは外に働きに行かせない。いわゆるかぎっ子にしない。子どもには、新聞配りをさせて、奨励金をもらって勉強しながら優秀な大学へ行かせた。そういう立派な人です。それが現在取締役の丸山野さんです。

彼に頼んで九州の営業所をつくりことになりました。探してもなかなかいい物件がなかったのですが、丸山野さん（現取締役）が地元の人間だということもあって信用してもらい、四万五〇〇〇円で七〇坪の小僧寿司の配送センターを借りることができ、それがうちの九州営業所になったのです。その後、九州営業所は一五〇坪のショールーム、四〇〇坪ほどの支店となりました。それが二つ目です。

石田さんの言うとおり、強い思いを持ち続ける中で、出会った人の縁によって実現したのでした。

それぞれ地元で頑張ってもらっていますが、家族を大事にするということは、僕の基本的な考え方でもあります。

よく銀行の方が転勤で単身赴任するという話を聞きますが、家族を犠牲にして転勤するのはよくないというのが僕の考えです。やはり家族は幸せにその地域で暮らすべきです。ですからタカショーでは子供のためにも、家庭のためにも、できるだけ転勤がないようにということで、今のところ家族持ちの転勤は一人もありません。

もっとも、独身の社員には転勤もしてもらいます。しかし、結婚してからの転勤は一人もありません。おかしな言い方ですが、たかだかタカショーのために家庭を犠牲にしてまで転勤するのはおかしいと思っています。

逆にふるさとへ帰ってきたいというのは話が別です。転勤ではなく、これは本人の強い要望ですから。ただし、タカショーでは出張はどんどんしてもらいます。飛行機代はかかってもお客さんのところにはどんどん行ってもらいます。ですから、羽田空港のロビーでうちの社員にばったり出会うというケースはしょっちゅうあります。僕も社員も飛び歩いていますので、会議も東京でやったり、本社でやったりスタッフが集まるところではどこでもやります。

海外拠点の構築も人との縁で

広東タカショー社長との劇的な出会い

海外進出の第一号は、中国の広東省でした。

私は国内ばかりでなく、海外にも社員をどんどん送り出し、海外での経験を積んでもらうようにしています。

ですから、うちの社員には遠いとか近いという距離感がなくなってしまっています。社員にこうした経験を積ませて国内であろうが海外であろうが抵抗なく飛んでいけるようにするというのも、グローバル時代の重要な社員教育ではないでしょうか。社員自身もグローバルに活動でき、それによって視野も広くなるわけですから、このシステムはすごくいいことだと自画自賛しています。

それはそうと、広東タカショーの社長であるZさんとの出会いは劇的なものでした。

私にとって、中国は以前から理屈なしに行きたい国でした。

それを実現させるきっかけは中国でガーデニング資材をつくっているという人物からの一通のファックスでした。「タカショーとぜひ取引がしたい」、「I will meet you at Shinsen Station.」と書かれてありました。差出人である中国人を私は知りませんでしたが、即座に「It's OK.」と返事を出しました。そしてこの人物に合うために、英語もろくにできませんでしたが、単身、香港経由で八月四日、中国に入ったのです。

深圳駅で会いましょうといっても、どんな顔をした人物かもわかりません。四時間ほど深圳の駅を右往左往しました。深圳は国内駅も国際駅もありましたから、駅自体が巨大です。どこに何があるのかもわからず、ましてや相手もわからない。信じられないかも知れませんが、待ち合わせの場所も決めていませんでした。ほとほと困り果てました。いくら我慢強い私でも四時間も駅で待たされたのでは限界です。縁がなかったものとあきらめ、帰ろうと思って駅を出ようとしたところ、「高岡先生」とプラカードを持っている人物が目に入りました。それが現在、広東タカショーの社長・Zさんとの出会いでした。

このZさんは、かつて商売で日本人に騙されたことがあり、何とか一旗揚げようと田舎から経済特別地域の深圳に出てきたのだといいます。その日本人との取引の折り、タカショーのファックス番号を見たことが私にファックスを送るきっかけだったそうです。もっとも、当時の中国は海外にファックスを送るにも外貨が必要で、手元にあった最後の十元でファックスしたそうです。

こうしてようやくファックスの主と出会うことができたわけですが、Zさんとの話は実りの多いものでした。Zさんは焼き丸太をはじめ、杭やお茶の葉さらに棕櫚縄などたくさんの品数をそろえていました。そのなかにはこちらがほしいものも数多くあり、最初は間伐の杭、支柱から始め、その後、フェンスをつくってもらったり、先割花壇、さらにラテスを作ってもらうようになっていったのです。

この出会いを機に、Zさんとはタカショーが四九％出資する形で、一九九六年八月に広東タカショー（広東高秀花園制品有限公司）を設立しました。海外での経営ですから決して楽なものではありません。ゼロからスタートの、茨の道といってもよいものでした。

中国は人件費が低く、日本と比べても驚くほど低コストで製品がつくれます。ヨーロッパからも商品の買い付けにたくさんのバイヤーが来ています。それを見て、ヨーロッパからわざわざ買い付けに来ているのなら、広東タカショーでつくったものをヨーロッパにも販売できるのではないかと考え、それがタカショーヨーロッパの設立につながっていったのですが、その意味でも広東タカショーの設立はその後のタカショーにとっても重要な役割を果たすものでした。

その反面、中国での事業では、高い授業料を払って勉強もさせてもらいました。

天津の会社に五一％出資したことがありますが、これは結局うまくいきませんでした。天然竹などを供給することが目的です。

五一％の出資というとマジョリティをこちらが握っているわけですから、いいように思えますが、実際には問題があったのです。

まず、こちらが過半数の出資比率を持つことで、相手にやる気をなくさせてしまうことです。相手が主導権を持てない、決定権がないわけですから、こちらがよほどしっかり現地へ行って指導をしなければなりません。しかし、そのときはまだ海外での事業経験も少なく、実際にはなかなかそれが十分にはできなかったのです。加えて当時は、合弁の相手が企業ではなく村でしたから、さらに困難は増幅することになったのです。

しかし、この天津での事業では得るところもありました。

例のように天津へは私一人で行きました。その時に通訳をお願いしたのが天津大学のTという先生でした。日本の政治家もよくご存じで、それまでに日本企業との合弁事業をまとめた経験もお持ちの方でした。日本企業に理解の深いT先生を知ったことは、その後の中国事業を展開する上で大変プラスになりました。そのT先生の協力を得て、今度は一〇〇％出資の天津タカショー（天津高秀国際工貿有限公司）をつくることができたのです。

天津で時間が余った折りに、そのT先生から、「どこか見たいところはあるか」と言われましたので、一度、天津で開かれる天津すだれの展示会を見てみたいとお願いしたのです。その展示会での商談で知り合ったのがSさんでした。

Sさんとはすっかり意気投合し、何度か食事しているうちに、急にSさんが現在の仕事を辞めると言い出したのです。そして、一緒に会社をつくろうという話になったのです。実際、会社を立ち上げるまでには、Sさんとの最初の出会いから七年かかりました。僕がSさんと組もうと考えたのは、Sさんが葦簀すだれをつくっている農家を知っており、日本でのホームセンターの販売ルートも持っていたからです。まさに鬼に金棒でした。ビジネスというものは、無理矢理こうしようと思っても、思うようにできるものではありません。

こうした人との出会いがあり、在庫管理などについては、コンピューターを持ち込んでオンラインで処理していくという、時代にあった仕組みづくりを積極的に取り込んで天津タカショーをつくっていったのです。

中国にはこのほかに上海タカショーを設立しました。この上海タカショーはインターネットが縁となりました。Wさんがパートナーですが、このWさんとはインターネットでたまたま知り合ったのです。

上海タカショーは売り上げの九五％が国内販売で、人工の石をはじめ木製品も手がけており、これを上海の建て売り住宅などを対象に納めていっています。

まず行動する

このように、私は必要とあればまず行動します。海外にも一人で出かけました。もっとも、一人で出かけたのは、創業当初は会社が小さくてスタッフがいなかったということもあるのですが。

英語もほとんどしゃべれないのに香港へ単身乗り込んだこともあります。まだ、中国市場が開けてないときです。

香港の大手の人工植物メーカーの社長さんと商談したとき、「通訳の方はいないのですか」といわれて、「いや、いません」、「だれと来ました?」「私一人です」というので驚かれたこともありました。それでも何とかやりました。物は見ればわかるし、商談も片言で何とかなるというのが私の主義です。

これは余談ですが、香港で話を聞いていて、ぜひ広州交易会にも行ってみたいと思うようになりました。

それが実現したのは、創業して約五年後です。ＤＩＹや金物を生産している地場の社長さんと一緒に行きました。

広州交易会というのは招待状がないと入れないと聞いていたのですが、実際は簡単でした。お金さえ払えば簡単に入場券を手にすることができたのです。

私の人生はこれまでもそうでしたが、やりたいと思って現場へ入ると問題があっても何とかなるものです。

やってみよう、行ってみよう、話してみようです。

中国に次いでタカショーが海外拠点をつくったのはドイツでした。一九九九年のことです。

ヨーロッパのガーデニングの動向には早くから興味を持ち、タカショーの新卒第一期生をドイツで開かれる展示会に連れて行って以来、毎年、ヨーロッパにおけるガーデニング商品の傾向を探るために出かけてきました。毎年行っていますと、ヨーロッパでのガーデニングブームの波を肌で感じることができます。

そのうち、タカショーで造っている人工竹垣を出展したくなります。思ったら実行するというのが僕の主義ですから、さっそく展示会に出展しました。

それが縁となってたくさんの現地のガーデニング関係者と知り合いになりましたが、その中にタカショーヨーロッパの社長になったGさんもいました。

Gさんは東ドイツの出身で、苦労をした方でした。

ヨーロッパタカショーの立ち上げ当初は赤字でしたが、日本からも支援の人材を派遣するなどした結果、コミュニケーションもスムーズに行くようになって、いまでは優良会社になっています。

タカショーヨーロッパの役割については、私は最初から日本のガーデニング文化たとえば竹垣などをヨーロッパへ輸出し、またヨーロッパのガーデニング文化の情報を日本へ持ち込む拠点にしようと考えていました。

ヨーロッパ向けの商品はそこは主に中国でつくったものをヨーロッパに売るというのが多いのですが、向こうのお客様の要望で開発した商品をヨーロッパ各国で造り、ヨーロッパ市場で販売するケースも増えてきています。

会社設立後、経営が軌道に乗りはじめて創業メンバーの岡室氏（左）と台湾や香港へ

このほかカナダのトロントに日本の庭園文化の発信拠点としてタカショーノースアメリカも設立しました。ここでは、例えばトロントの大リーグ球場の貴賓席に竹垣を張ってもらったり、ホテルや商業施設に日本庭園をつくるといったことを通じて具体的に日本の庭園文化の浸透を図っています。

こうして、いまでは図のように国内には全国に二支店、八営業所のほか関東積算センター、千葉積算センターとガーデンライフスタイルデザイン研究所。一〇〇％子会社の和歌山ガーデンクリエイト、奈良ガーデンクリエイト、徳島ガーデンクリエイト、青山ガーデンさらに海外では一〇カ所の合弁会社やオフィスを展開するまでになりました。

第2部

理論編

経営計画書の書き方から人材育成まで

第一章

経営計画書を書くポイント

ホテルに閉じ籠もって

私は、毎年社員さん全員に経営計画書を配っています。今年は一月四日の日曜日の朝早くから、和歌山の海南に朝から社員さん一六〇人が集まりました。私は一時から四時まで会社の考え方を話し、各部門長には全員、前へ立って、今年の目標数値、具体的な内容を話してもらい、六時から全員で懇親会を開きました。

ちなみに去年の懇親会は我が社の倉庫の上のショールームでやりました。一応、上場している会社ですが、もったいないからそこでやったのです。そして翌月曜日は朝一番から、各部門の会議に出て各部の目標について討議をしました。

じつは我が社も上場後、一回赤字を出したことがあります。それは上場企業だという思い上がりがあって、こうした議論を行わなかった結果でした。このように、経営計画書は社長としての会社の方針を明確にし、社員さん全員のベクトルを一つにするためにも大事なことです。


私が経営計画書の書き方を学んだのは第一部にも書きましたように、和歌山中小企業家同友会に出席したのがきっかけでした。

中小企業家同友会の東京の代表理事をされていた井上さんという方が和歌山に講演に来られて、経営計画書の必要性を話されたのです。私も自分なりに毎年の経営方針などを書いていましたが、講演後の二次会のときに井上さんの横に座らせていただき詳しくお話を伺い、早速、翌朝一番で和歌山の同友会事務局に行って、その経営計画書を貸していただいたのです。

その中身がどのようなものであったか、いまでは全く覚えていません。業界自体が違いますからそのままでは参考にならなかったということもあります。しかし、経営計画書とはこういうものだということをこの時、学ばせていただきました。

経営計画書というのは文字通り会社経営の基礎になるものですが、何事にも基礎が大事だということを身にしみて分かったのは、若い頃のある苦い体験があったからです。

私は青年時代、全日本歌謡選手権で四週目で二回落ちてしまいましたが、そのときに審査員の淡谷のり子さんに「あなたたちは基礎ができてない」といわれたことは、第一部で紹介しました。基礎ができていないという淡谷さんの指摘は、自分でもわかっていたのです。

私たちと同じ時代に脚光を浴びた「赤い鳥」というフォークソングのグループがあります。彼らは当時のヒット曲を一生懸命コピーすることで、ものすごく音楽のテクニックを磨いていったのです。一方の私たちは売り出すまでに時間がなかったので、予選は通ったものの、まさに基礎ができていないために落ちてしまったのでした。しかし、この体験はその後、会社を興すことになった時、私に、いかに基礎が大事かということを学ばせてくれました。

そういう体験を若い頃しましたので、会社を経営するようになったとき、経営の基礎をしっかり学びたいという思いは人一倍強かったのです。

私が経営のポイントを明確に教えてもらったのは、ＴＫＣの経営研究会での半年間の勉強とベンチャーリンクの小林忠嗣会長が開いていた勉強会を通じてでした。

そのなかで、経営でいちばん大事であると言われたのは、明確な経営計画に沿った経営戦略と商品戦略であり、その基本はヒトとモノとカネであるということでした。

ヒトは人事戦略、モノは商品戦略、カネは資本政策です。この三つが基本で、その上にメーカーであれば商品戦略があり、サービス業であればサービス戦略があるわけです。

例えば「ヒト」について言えば、世界へ向けての企業で海外からの人の採用、より質の高い求人、徹底した社員さんの研修と実務でレベルアップで、現況社員さんの成長優先で対応する。現地採用と、違う地域での転勤での人の幅を拡げるということです。

最初、私は優秀な人が集まらないから、うちの会社はだめだと思っていたのですが、途中からわかってきたのは、たとえば、阪神タイガースを劇的な優勝に導いた星野監督の話です。星野監督が心を配ったのは今いる選手をどう活かすか。巨人軍のように四番バッターを何人も揃えるのではなくて、それぞれに見合った人をどう採るか、その人をどう活かすか、そしてそれが活かされる経営をするか、いわゆる適材適所ということだったといいます。これと同じで、社長はこの人物が絶対いいと思っている人を採ることです。なかには辞めたいという人もいますが、私がこの人物はいいと思って採ったわけですから、絶対大丈夫だということで自信を持って臨んでいます。

「モノ」は時々の現象です。モノを売り物にして上場する会社がありますけれども、たぶんそれは続かないと思います。例えばテレビでいうと、昔のテレビと今の液晶のテレビは違います。ただ一時的に時代に乗ったモノを売ってうまくいっても、会社は継続しないということです。そして「おカネ」は価値の再投資だと私は考えています。この価値の再投資によって、会社は大きくなっていくわけですが、このヒトとモノとカネという基本をまずしっかり見据えていかないといけません。

会社を興すというからには、その時代の中で人に影響を与えるほどの高い目標を立てるべきで、それが決まればそれを実現するのにモノをつくるのかサービスを提供するのか、おおよその企業のあるべき形は見えてきます。そういうように論理的に分析していくと、それでは何を事業の柱にするかが決まります。あとは、地域性です。地方か都心か、どちらが事業展開に有利か、不利かということをゆっくり考えるのです。

マイクロソフトのビル・ゲイツは、一カ月ほど山荘にこもって経営の基本について考えたといわれています。それに倣ったわけではありませんが、私の場合は大体二週間ほどホテルに閉じ籠もって、毎年毎年経営計画書を作っていきました。

もちろん、一年目は自分の経営に対する思いとメモを手書きしただけのものです。その後ホテルにワープロを持ち込んで自分で打ったのですが、当時のワープロは字も小さく見にくいものでしたから、しばらく目が見えにくい状態になってしまいました。

とにかく経営計画書は、毎年の積み上げです。当然、最初に書いた経営計画書は薄っぺらなものでした。これを見れば、誰だってできそうに思うでしょうが、実際にはなかなか書けないのが経営計画書なのです。最初はいかに幼い経営計画書であるか。それを溜めていって、毎年毎年じっくり考え、その間に一年間に積み上げてきたものを再度ファイルし、一つのカテゴリーをもう一回再整備してしっかりしたものとする。そのモデルができれば、それをみんなにわかるようにして共有化させて、その次の段階で、それぞれの部の責任者の人にしっかりと意味をわかってもらって、各部の計画を作っていってもらうことができます。

経営者には自分でしかできないことがあります。そのことについては全力を挙げてやり

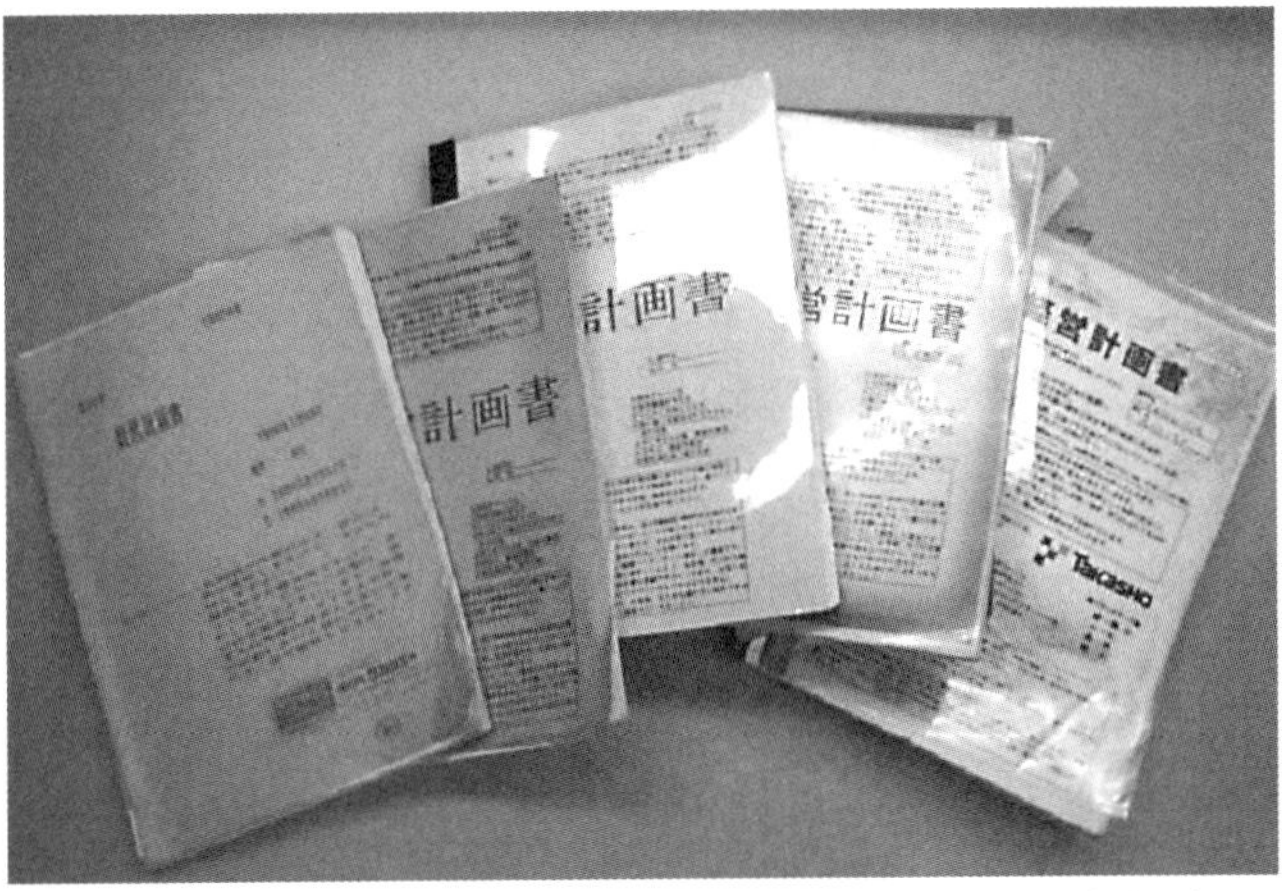

創業時からの経営計画書は年を追うごとに充実していく。経営者にとって事業指針は何より大事なものだ。

ます。しかし、自分ではできないこと——私の場合は営業なら得意ですし、例えば経理部の仕事は、最終の決算判断はできますが、細かな日常の経理はできません。そうすると、そこは任さなければなりません。

このように会社の将来のストーリーについて常に十年先を考えて、人をどういうふうにして入れていくかを考えていきます。組織の構築は一年、二年では不可能です。石の上にも三年、経営の場合は五年、十年の積み重ねなのです。

オンリーワン企業を目指そう

では、経営計画書の中身はどういう構成にすればいいのでしょうか。

経営計画書に必要なことは基本理念、そして基本目標と戦略ポイントです。

会社は何のために生まれて、どういう考え方を持っているのかということだけは、しっかり押さえておかなければなりません。会社を持つということは、自分の子供を持ったのと同じで、これに魂を入れてあげないと動きません。会社に魂を吹き込むために経営計画書を書くのです。

人が二人、三人以上集まって会社をつくれば、これはちゃんとした組織です。何のために会社をつくったのかを明確にすべきです。

まず第一に、会社には基本理念が必要です。

たとえば、私は安らぎのある空間づくりを目標に、ハイタッチでグローバルなニュージャパナイズな世界を提供しますと書きました。会社を最初つくるときに、私はハイテクな会社かハイタッチな会社かどっちを選ぼうかと考えました。ハイテクというのは頭がいります。私はそうたいした学力もなかったので、ハイタッチ、情緒性にあふれた庭づくりを選びました。これが、我が社の基本理念です。

会社はオンリーワンの発想のもとでつくるべきであるというのが私の持論です。散髪屋さんでも、町のオンリーワンの散髪屋さんがあります。それでも、時代とともに、それがだんだんオンリーワンでなくなってくる。だから常にオンリーワンで行くために、パテントで抑えたりしながら先へ先へ開発をしていくということなどで真似のできないオンリーワンを追求することが大事です。ただ、人だけは、一朝一夕にはいきません。

私は、二一世紀はリフォーム産業が大きく飛躍すると見ています。

建材リフォーム分野やハウスメーカー等も一斉にガーデン対応がさらに積極的に展開されると予想していますので、タカショーは自分の得意な販売ルートを固め、各分野の有力メーカーと提携し、タカショーでソフトを再加工し、情報を商品提供とともにリーダーとして発展していかなければならない、と考えています。

オンリーワン企業になるには、従来の業種的発想から脱却して、将来の発展をいかに見通すかが重要です。具体的には従来の業種的発想の企業から、生活・ライフスタイル型の供給メーカーへ移行するということです。

このように、経営計画書では会社をつくってからの段階的なストーリーを描き、その中で基本が見えるようにすること。それが今後どういうふうになっていくという時代の見極めが重要です。

基本目標と各部門の戦略

次が基本目標と戦略です。企業としていつまでに、どこまで行こうとしているのかという目的をしっかり定めておかなければならないからです。それが決まることで、その目標に到達するのに、例えで言うと、新幹線でいくのか、普通の電車でいくのか、歩いていくのか、それとも飛行機でいくのかという戦略が出てくるからです。

戦略は人に気づかれずに行われなければ意味がありません。相手に気づかれたときにはすでにこちらがやってしまっているという戦法を戦略というのです。

わが社の場合は、飛び抜けて優秀な社員がいるわけではありませんでしたから、どうしたら普通の人間でも勝てるかという戦略を立てていったのです。それには人のやれない、大手企業のやらないものをやろうということです。

今後の基本戦略を立てるときのポイントですが、なによりも大事なことは人をつくるということです。人をつくる、法人の魂、精神の部分を確立してもらうことです。人の問題については私の体験を含めて、後ほど詳しく説明します。

ガーデニングの分野で言うと、今後のテーマとしては環境の産業化、水、エネルギー、3R（リユース、リサイクル、リデュース）と文化の産業化だと考えています。産業構造の転換については第三部で詳しく述べます。

第二章

経営計画書の書き方の実際

さて、経営計画書のつくり方ですが、手書きでもいいから、まず目的を明確化すること。そしてその実現に必要な組織づくりを自分なりに書いてみることです。

目的を明確にということに関して言いますと、基本的には、売上げとか人とモノと金の仕組みを明確にするということです。このときに、最初からいいものをつくろうとせずに、自分がやりたいことをまず書いてみることです。

どういうことでわれわれは、社会のお役に立ち、また業界の中でどういうふうにして成長していくかをはっきりさせる。どのような業界でどんな商品をどういうふうに販売するのか。大体どのくらいのエリアにどのくらいの規模でどのようにして販売するか。それを明文化するのです。その商品が市場に出て、いろいろな競合にさらされ、また時代が変わるときには、もちろん変化しなければなりません。

人の能力は皆同じ

これは私が書いた経営計画書の表紙に入れていることですが、人の能力は、みんな同じであり、周りの人間がその人をつくっていくということです。

つまり、周りが、「あなたはだめだ、だめだ」というと、だめになっていく。もともと人間の能力は、限りないものです。どんな能力があっても、全部周りがだめにしていく。君はこれでいいよ、これをやっちゃだめだよ、こういうふうにしないとだめだよ、と標準化して、周りにとって都合のいいような動かし方をする方が、組織としては楽ですが、そうすることでこの人の能力を制限してまう。ともかく能力は無限であることをひたすら頭の中で信じ、まず自分の足で努力して知識を得て、それを意識に切り換え実践していくことです。

ものすごくむずかしいのは、たとえば皆さんはこの本を読んで知識を得たり、いろいろな人の話を聞いて知識を得たりするでしょう。しかし、所詮人の頭の中だけのことだということです。よしやろう、頑張ろうと思っても、これもまだ一人間の単なる頭の中だけのことです。九割九分の人がそれを具体化できないのは、日頃の実践、あたりまえのふだんの実践ができないからです。知識を得ても意識を切り換えられる人は少ないものです。さらに意識が切り換わっても、日常的に積み上げていくことができないということです。経営とは、そういうものです。ですから、わが社の経営計画書の表紙にはそういうことが書いてあります。

年頭所感を書く

そして、これは年々積み上げてできていくものですから、一足飛びにいかないのですが、必ず経営者は、年頭所感というか、その一年間の年頭における思いを必ず書くことが大事です。ところが、これができない社長がいます。常に考えていることをまとめるという力は要りますが、所感などはすぐ打てます。三日も四日もかかるものではありません。

ちなみに今年の私の年頭所感をご紹介しましょう。

「新年、あけましておめでとうございます。

昨年は当社にとりまして大きな飛躍すべき一年間となりました。各支店、営業所の展示場は機能整備を行い、本社前には風・光・水・緑をテーマにした大規模な展示場を設け、たくさんのお客様にお越しいただきました。庭・空間・展示場を通じてお客様方のコミュニケーションの中から新しい環境への方向性が少し見えたような気がします。

さて、本年は昨年提案させていただきましたビオガーデンを本格的にマーケットを拡げ、これからわれわれが目指す産業のかたちを徹底的に営業、販売へと結びつけてまいりたいと思います。インフラ整備型産業の終焉に伴い、環境保全、環境再生へ向けての環境産業への転換が求められています。庭に水と緑を取り入れ、地球環境を唯一再生できるガーデニングを文化創造型産業へと導いていくことがわれわれの使命であります。そのためにはビオトープ（生き物の命の空間）をコンセプトにした庭づくりが発展することは不可欠であります。庭に水辺を取り入れることが自然環境にとってやさしさと同時に人々の暮らしの中で庭で過ごす健やかさが生み出す喜び、感動が幸せの空間となるリビングガーデン（屋根のない部屋）の提案を積極的におしすすめたいと思っております。これからの人々にとってやすらぎある空間は3R、リユース・リサイクル・リデュースをベースに地域性、ライフスタイルを、そしてそれぞれの求める幸せのかたちに配慮しつつ、空間が構成されるであろうと思います。タカショーはその空間づくりをお手伝いする部品を販売店様、設計デザイン様に問屋様を通じてお届けさせていただきたく思っております。部品をよく理解していただくための勉強会、説明会をともにやらせていただき、人と人が、心と心が思いをかたちにしていただける信頼関係をつくっていただけることがすべての始まりであると思っております。（中略）

まだまだ未熟なわれわれタカショーではありますが、決してマス生産による同一価値の市場化を重視せず、またメーカーのエゴ的な考えをできるだけもたず、すべては現場で使っていただき、暮らしていただいたときの喜びや価値を商品であると考え、タカショーグループ、また国内外の全社員がひたすら初心、原点を忘れず、謙虚な姿勢でひたすら一生懸命を合言葉に皆様とともに成長させていただけることを夢見ております」

さらに、

「心に念じること。いつも良いイメージを描くこと。できるという意識を明確にもつこと。

夢無きものは　理想なし。

理想無きものは　信念はなし。

信念無きものは　目標なし。

目標がなきものは　計画なし。

…心に念じること
…いつも良いイメージを描くこと
…できるという意識を明確に持つこと

夢無きものは 理想なし。
理想無きものは 信念なし。
信念無きものは 目標なし。
目標無きものは 計画なし。
計画無きものは 行動なし。
行動無きものは 成果なし。
成果あるものは 幸福なり。
力なり。

代表取締役　高岡伸夫

計画が無きものは　行動なし。
行動無きものは　成果なし。
成果あるものは　幸福なり。
力なり。
これを一〇〇回読めば、生きていく簡単な方法が見つかります。人間に差ができていくのは、能力でも頭のよさでもなく、結局、努力の差です。言い訳をして、不満をいって、自分で自分を惨めにして、結局、自分が目立ち、自分に都合のよい怠け者です。厳しい言葉のようですが、できない人がいるからできる人が目立ち、幸せな道を歩けるのです。どの道を選ぶかは、自由なのですが、自分の幸せの道は、自分自身の努力の中から決めていってください。
しかし、私は、今年もさらに頑張ります。そして自分自身の家庭の幸せのために」と書いて、この下に高岡伸夫とサインしてみんなに渡します。

第三章

社長の一〇カ条

全社で行う五つの約束

年頭所感の後に、社長の一〇カ条を書いています。経営計画書の頭にこれを入れて、まず自分の約束事を先にしないと社員に約束事を強要するようなことはできません。私は、こうやります、皆さんはこうしてください。トップとしての思いと覚悟、約束事をしっかり明言したうえで経営すべきであるということです。これは二一世紀に生きるその企業の方向性です

社長の一〇カ条は、社長とは大体どういうものであるかを書いています。とくに業績が悪くてもよくても、八割は社長のせいといわれる。また社長の立場を自分自身で明確にし

ておかないと、これは社員のせい、これはだれだれのせいという場当たり的なことを避けるためにまず明確にするわけです。そして、その次に五つの全社的な約束事を書いています。

たとえば、一九九七年の五つの約束事を紹介しますと、

第一に視野を世界に向けて、大きな見方で細かく、確実に実行しましょう。

第二に、まず一番目に自分を育て、二番目に家族を愛し、三番目に会社をつくりあげよう。

第三が、庭住まいの楽しさ、美しさ、幸せ、演出を提案し、人々に喜びを提供しよう。

第四はいま説明しましたように、人の能力はだれしも限りなきもの。フルに発揮できる職場にしよう。

第五は、お客さま、仕入れ先様を大事にして、お互いの発展に努力し、経営計画達成でみんな幸せに

――以上の五つです。

この全体の五つの約束事に対して、さらにそれぞれ各部で五つの約束事を決めます。

たとえば商品管理部は「一、挨拶を欠かさずやろう。二、備品用具を大切にしよう。三、倉庫と社用車の管理を徹底しよう。四、商品知識をつけよう。五、仕事の前倒しをする」

の五つです。

あとは幹部組織を明確にして、部門を明確にして、みんなに公開します。

こんなふうにして社員全員が同一の意識をもつ。あとは徹底していくということです。

これをつくることが経営の責任です。われわれがつくるということではなくて、つくるという作業をきっちりやっていくことがわれわれの責任です。

単純なことですが、会社を大きくしようと思ったら、基本をしっかりしなければいけません。

これからの会社の維持、成長に一〇カ条を生かして勉強していって下さい。一人のトップか組織のトップかリーダーがすべてを決めていきます。まず小さなトップをこなしていって下さい。リーダーシップをこなしていって下さいということで、社長の一〇カ条を入れているのです。

社長の一〇カ条といっても、もともとなぜ創業したのか、だれが会社をつくったのかという原点にもどれば、答えは自ずからわかるはずです。それを私なりにまとめたものが以下の一〇カ条です。

社長の一〇カ条とは

まず第一が**「先見性」**です。

社長は常に一年先の短期計画で会社の姿を明確に予測し、三年先の姿をいつも頭に描き続け、五年先の将来像のもとに、中期計画を策定しなければなりません。一〇年先の長期未来像を情報集めをもとに予測し、突き詰めて、実現できる理念の世界を描いていかなければなりません。

そのためには、常に先の予測できる場へいって情報を集めたり、常に現場から見て、この先の延長線上を見つけたり、常に決算書、数字に対して基本的なところを勉強してわかるようにしておかないといけないということです。

いずれにしても先見性を持つようにするために努力することは社長の基本的な仕事です。社員が一〇〇〇人以上の会社になるとわかりませんが、少なくとも五〇〇人ぐらいまでの会社なら、トップは先見性を持つことが第一です。いや、ソニーなどの大企業でも、トップに求められるのは先見性でしょう。

二番目は**「不況、低迷の対策」**です。

会社は生き物です。時代は刻々と変化していますから常に次の手を考え、特に好況時に次の商品構成を考えることが大事です。好況は花が満開ですが、花が咲けば必ず枯れますから、次の苗を植えておくということです。好況時には、その状態がいつまでも続くのではないかと勘違いして手を抜いてしまうことがありますからここは十分注意が必要です。

こんな忙しいし、もうかっているときに、なんでそんなむずかしいこと言うかという声が社内から出ることもあるかと思いますが、そんな時、そうだねなどと言わずに、常に次の手を打っていく。トップとして、組織に対する緊張感を持って、常に次の手を自ら考えていかなければいけません。

三番目は「**財務力**」です。

財務は会社の守りの要、攻撃力を維持しつつ、財務を強め、会社の成長を考える。攻守のバランスをいつも考えることがトップたるものの重要です。そのときどきの規模に合わせて考えなければなりませんが、いずれにしても財務力は基本の基本です。

第四は「**人材力**」です。

会社を伸ばすには人を育てることが大事であることは今更言うまでもありません。会社は、その会社のスタッフの成長のフレームを越えられないのです。特に幹部に人材を得ることは会社の成長の絶対条件です。

フレームというのは商品のフレームではありません。たまたま通販で商品がものすごく売れた会社があったとします。しかし、会社自体はだめだというケースが少なくないのです。会社を成長させる、会社を伸ばすには、商品ではなく人の成長のフレームを大きくする必要があるということが大事なのです。常に人の成長のフレームを大きくしていかないことには会社は成長しません。フレームをこえたときには必ず戻ります。

第五が**「情報力」**です。

トップはまず現場を歩くことが大事です。コンピュータ時代ですから、基本的な経営分析の数値は日々つかめるようにしておくことはもちろんですが、トップは山の高いところに登り、そこからながめるというクセをつねにつけておくことを忘れてはいけません。

山に登ると、道を車がどのくらい通っているかが概略わかるような、そういう位置があります。それと同じで、高くものを見れるという形をつくって、その数値を見ておかないとダメです。例えば売上、経常利益、社員数、そういう概略的なことは常に頭の中でわかっていないといけません。

そうしたことを明確にし、幹部の人にはその中でどうすべきかという無言の指示をしながらやっていくというやり方をしていけば、会社はうまくいくと思います。

それと全体としては時代の情報ギャップを常に掴んでおくことです。情報ギャップというのは、例えばアメリカと日本、あるいは東京と田舎、それから業界の進んだ部分と遅れた部分。こうしたギャップは常にあります。

やっぱり海外でものを見るとか、それから同業界、現場へ入ってものを見るとか、聞くとか、それからお客さんと話をするとか、それから意外や意外、家内と話をする、家族と。素直な一般大衆の心を掴むのにはやっぱり家族がいい。第三者より意外にこういうところでヒントを得た人は多いようです。

しかし、基本は圧倒的に業界で聞く、ただし競合先に振り回されない、影響されないということが大事です。やはり毅然として自分の考え方を、しっかり一本柱を置いて、その中で他社の状況も一応は踏まえて、その上で業界としての高い位置はどこにあるのかを考える。それともう一つは、国を越えてナンバーワンメーカーにいろいろと学ぶということです。

そのためには自分でも勉強し、そのためにはそういう機会があれば自ら現場に出ることが大事です。そうした集まりが自分の人生を決め、会社の将来も決まるということを、第一部で紹介したように、私は体験から学びました。

例えば歌手であれば、ステージで歌えるだけの力がありながら、いつまでもドサ回りしていてはいけないということです。少なくとも自分で力がある、その思いがあるとしたら、やはりいいステージ、いい舞台に立つことです。いいステージにはいいお客さんも来ているし、いいプロデューサーから、いい舞台関係者が来てますから、逆にお客さんに教えていただけるとか、反応が確認できるとか、全てのことが整っているからです。

ですから、私は、そういう集まりがあれば、できるだけ自分でそのときどきのテーマを持ちながら、一つのストーリーをしっかり追いかけながら行くようにしています。

一番ダメなのは中途半端なことです。そのときは行くが次は行かない。一年目は行ったけど、もう二年目は行かないというのはよくありません。

そのなかで自分の見極め、道を確認していく。必ずなにかあります。海外へ行くといつもああ、来てよかったなと思います。行く前は期待するようなことはなにもないと思っていても、行くといろいろな人がいて、いろいろな情報があります。そこから得るものが、必ずあるのです。

価値があるものを掴むかどうかは全部自分次第。逆に、その心構えとか問題意識、テーマ意識がなければ、そうした場に行ってもなにも得られません。

自社の業界だけでなく、いろんな分野、異業種、異職業、異能力、異質、異人脈、海外、業界紙などどん欲に、広範な情報を吸収する必要があります。これもトップとして非常に大事なところです。情報をどう集めるか。そして自分でどう判断していくか。そのためにはいざとなったら聞けるような人も含めて、そういう場を持っておくということが大事だと思います。

六番目は「**公私を明確に分ける**」です。

これもほとんど中小企業として陥りやすい問題点です。社長の公私混同は社員さんの信望を得られません。また家庭や個人の事情を持ち込んでもダメです。家で夫婦ゲンカをしたからといって、会社で不機嫌だというのは最低、最悪です。

第七番目が「**人を感じ、掴み、生かす**」です。

社長は人の心をつねに掴むのに巧みでなければいけない。対人心理に非常に敏感になる必要があります。人遣いの腕次第では、社員さんの仕事の挑戦意欲に大変な差が出ます。人を感じ、掴み、生かすというのは、社員さんの顔色を見て、すぐに判断できるようなトップでないとまずいということです。

社員さんの顔色を見て、この子は苦しんでいるとか、なにか悩んでいるということが見抜けないようでは話になりません。

野球の名監督もベンチの選手を見て、よし、行ってこいと判断しますがそれと同じです。それは直観やヤマ勘ではありません。二軍や一軍の選手が練習しているところを日頃見ていてその選手の現在の気持ち、たとえば悩んでいるのではないかとか、ちょうどいま調子が上がってきたとか、そういうことをちゃんと見ていて指示しなければ名監督とはいわれません。

第八番目は**「決算書が全て」**です。

業績がよくても悪くても八割は社長のせいといわれ、その全ては決算書にあらわれます。社長は常によい決算書を実現するように経営を進めていく責任があります。そのために、自分でこう行こうという方針について単年度ベースで事業計画なりを発表するわけです。

社長としてやるべきことは、自らの責任は明言すること。経営方針を明確にし、それも書類を通じてきっちりやっていく。いわゆる契約をし誓約をすることが必要です。事故などもありますから一〇〇%とはいえませんが、少なくとも八割はトップの責任なのですから。

ややもすると業界全体が悪いからというエクスキューズを聞くことがありますが、私はそれを認めません。業界が悪いのであれば、だからどうするということを社長は言うべきです。ましてや、社員が悪いというのは言い訳にもなりません。

第九番目は「**現状への決別**」です。

業績がよくても、それは結果であって、過去のものです。先の保証はありません。つねに現状への決別、新たな挑戦でもあります。これを一時でも怠ると会社の衰退が始まります。

業績が現在の状況と思ってしまうことが応々にしてありますが、これは間違いで、あくまでも過去のものだということを忘れないでください。

第一〇番目が「**開発力**」です。

社長は人も製品も商品も、そして組織も市場も常に開発することであるということに一刻も気を抜けません。社長が開拓精神を捨てた会社に将来はありません。逆に、開拓精神に燃えた社長がいる会社は、小さな会社でも必ず一流の道を歩んでいくと私は信じています。この「信じている」ということは、こういうふうに信じていけば必ずなんとかなると。

私も外部から人から「社長は自ら展示会へ立つんですか」とか、「自ら商品のことをこんなに考えるんですか」といわれました。しかし、ホンダの創業者である本田宗一郎さんも商品のことを考えずに社員に任せて経営していたということはなかったはずです。

ソニーにしてもそうでしょう。たとえばビッグヒットになったウォークマンにしてもトップの決断があればこそできた商品です。もちろん実際に商品を仕上げていくのは、それぞれの部門であり、社長が現場へ入って、一緒になって金型をつくっていたのでは話になりません。

リーダーは明確に目的や方針や、やり方を決めることが大事です。そして、最後の責任は自分が絶対取るということを常にわからせることです。ただし口に出してはダメです。お互いが話し、打合せしながら、それぞれ任せられる範囲をちゃんと明確にしていく。そうすると、やろうとすることや幅もわかる。少し無理があっても、リーダーシップによって走る、そして下がついていくだけの説得力が必要です。

任せるといっても、闇雲に任せて、あとで、下に責任転嫁するっていうケースもありますがこれではダメです。任せるということは、仕組みづくりをちゃんとして、どっちへ行くかという方向性もちゃんとして、その上で打合せと検証しながら、その範囲内で責任を任せることが大事だと思います。

トップの心得

いずれにしても最初は社長一人ですべてやる。これが基本だと思います。その次は、経理部門ですが、ここはいちおう信用のある経理事務所の協力体制も考えて置く必要があります。

先にも言いましたように経営の基本はモノと金ですから、モノを仕入れ、つくる、売る、動かす、運ぶ、在庫する、そして資金を管理し、段取りし、動かす。この二つの組織に分かれます。そしてやがては、売掛、買掛、いろいろなことが、だんだんとわかるようになってきます。その都度、ある一定の範囲内までは、経営者がすべて理解しておくことが大事です。そのためには、どのくらいの規模までマーケットを見比べて経営者が、予測していくかということです。そのためにはいろいろな人と会っていろいろなことを理解し、想像して、その中で判断していくことが大事です。井の中の蛙では、経営はできません。基本的には勉強しないとだめです。マーケットからの勉強、書物の勉強、業界紙の勉強、会へ出ての勉強などなどその方法はたくさんあります。

それと徹底した運営です。

経営者が悩んだときは、経営者一人でもいいですから、まず働くことです。働いている経営者にほとんど失敗はないと私は思います。人が休んでいるときに働く。アリとキリギリスです。最後は勝ちます。ウサギとカメもみんな一緒です。基本的には、一所懸命時間をかけて積み上げていく人には、いくら好調な経営者でも休んでいるあいだに抜かれます。日本人は、勤勉が基本的なＤＮＡだと言われますが、私はこれが経営の最も重要な基本だと思っています。

実際、私はたいがい日曜日も仕事をします。特別な仕事を日曜日にわざわざやることにしています。とくに海外出張は、土日に行きます。もちろんどうしようかと迷ったこともありましたが、終わってからいつも、ああ、やってよかったと一〇〇％思いました。実際、やらなかったら危なかったなと思うことが、何べんとなくあります。もしその時、海外にきてなかったら、工場の次のステップが踏めなかったということもありました。こんな問題が眠っていた。こんなことを知らなかった。来てよかったと思うことを何度となく経験したのです。このように経営者は、体力ももちろん大事ですが、基本的には働く。迷ったときは、働くことです。

心の通った経営とは

ここで仕事と家庭の仕組みについて述べておきたいと思います。これは会社の中でも一緒です。最初からわかっていれば楽でよかったのですが、仕事というのは、基本的に頭を使うこと、結果重視であること、効果効率を考える。会社としての強さを見せる。リーダーシップを取るということです。

ところが、家庭は、頭は使わないけど、心を使わないといけない。結果重視でなくて、家庭はプロセスが大事で、効果効率ではなく、どれだけ時間を子どもにかけたか、家族に時間をかけたかが大事です。これは論ずる必要のない具体的な話です。家庭は、弱さを見せる。いわゆる心を開くことが大事です。仕事とはまったく裏腹です。

私が言いたいのは、会社の中でお互いのつくり方、仕事の中でのつくり方は、実は仕事と一緒で頭を使い、結果重視です。仕事は頭を使うんだよ、結果重視なんだから、もっと効果効率を考えてしっかりリーダーシップをとってやりなさい。これは表向きです。これで会社の経営を強くする。

ところが、人の関係、いわゆる組織の関係は、その反対で、頭を使えといったものの、よくやってもらっている、ほんとうはよくわかっているんだよ、だけど、ごめんね、一言こうでという話をするだけで心を使っている。結果重視というけれども、そこまで努力したんだねと。実は過程の中に将来性があるのです。プロセスをお互いに聞いてあげる。そうすると組織は、柔らかくなってきます。効果・効率を考えるのではなく、どれだけ時間をかけたか。ミーティングとかメールとかでお互いどれだけ時間をかけて打合せをしたり、思いつきではなくて、ちゃんと場を踏んでいく。弱さを見せるというのは、心を開くことで、ほんとうはこうなんだよということです。弱音を吐くことではなくて、心を開くことです。組織の中に心があるということを忘れてはいけない。会社は、心の部分と仕組みの部分の二つが一つになることで良い経営ができるのです。

実は、これは小さい会社ほど大事です。いわゆる標準化とかマニュアルとか賞罰、そういうもので社員を縛らない会社であったら、家庭的というより、心の通った経営ができます。

多くの経営者は口では心の通った経営といいますが、では具体的にどうなのか。心の通った経営ばかりで言っていると、仕事がだめになっていきます。「私は、これだけ努力した、おまえ、結果出してないじゃないか」という話になってくる。仕事はこうだよ、でも、

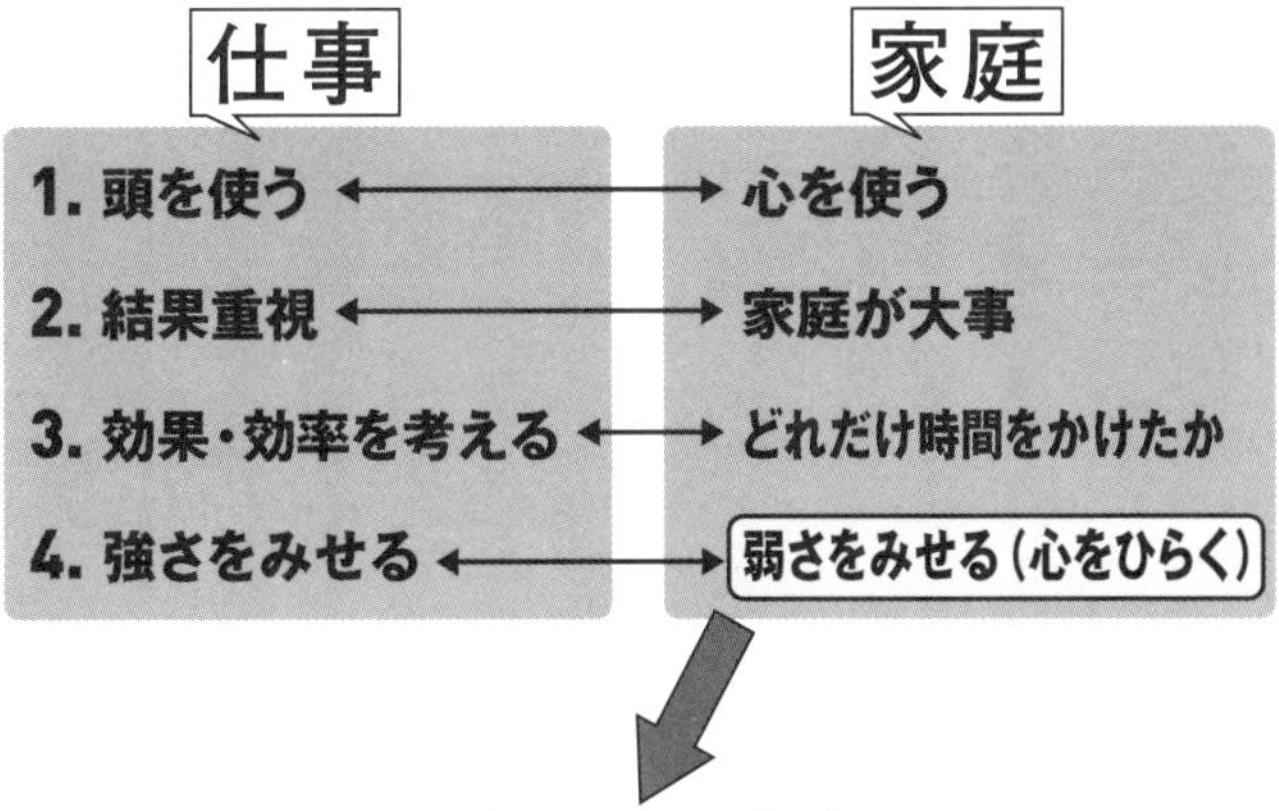

仕事		家庭
1. 頭を使う	←→	心を使う
2. 結果重視	←→	家庭が大事
3. 効果・効率を考える	←→	どれだけ時間をかけたか
4. 強さをみせる	←→	弱さをみせる（心をひらく）

タカショーの教え

まずは自分を

2番目に家族を

3番目に会社を

お互いはこうだよという両面をしっかりみせてあげるとなるほどなということになるのです。私は、社員の家族についても言います。あなたは、家庭に帰って心を使っているか。奥さんといろいろな話をするとき、プロセスを大事にしているか。少ない時間の中でどれだけ時間をかけているか。それはメールでもいいし、携帯でも電話一本でもいいからどれだけ時間をかけているか。「おれのいうことを聞け」という時代ではないのです。「悪いなあ、おれだって一所懸命やっているけどな」とふっと出る弱さがあって、では助けてあげようかという気持ちになるのです。

それから大事なのはまず絶対的には健康です。それから自分を磨くことです。人はその人のフレームを越えられないと言われます。ですからまず器を大きくしていくことです。もちろん健康なくして何もありません。健康なくして家族を幸せにしようなんてできっこないのです。入院していて、家族を幸せになどできません。ですからまずは自分の健康です。その次には、それをベースに家族を幸せにしようということです。家族は大事で、そのために自分は一所懸命働く。この順番をはき違えて、会社さえうまくいっていれば家族なんて崩壊してもいい。まして病気になっても関係ないという人が多いのです。これが日本の社会の間違った常識です。

それはもともとの仕事の基本が狂っているからだと私は思います。だれか犠牲者が出ます。それは経営者かもしれない。私は、経営者は、ある部分で犠牲者になってもいいし、自分の思いをなし遂げるために努力しているのですから。しかし少なくとも社員に犠牲を負わせるのは、よくないと思います。その考えを間違うと大変です。

私は、経営とはいい意味での導きの宗教だと思っています。もし経営者が一日一〇時間近く経営する中で導き方をまちがうとたいへんなことになります。多少業績が上がらなくても、大事なのは、会社が社会に貢献できていることで、そのために経営者としては社員や提供できるもののすべてに対して導き方をまちがえないようにしなければなりません。儲かればいいという商品の提携は、まさに導き方をまちがった例です。商品開発するときにそういう導き方をする会社、材料なぞ適当にごまかして儲かればいいという会社は必ず崩壊します。

私が結婚式でよくいうのは、五〇％よければすべてよしです。どれだけお互いが許せるかです。逆に許したからまちがいが起こるようなことは、許してはだめですが、いまは、許せる間違いが許せなくなっています。問題点があっても、方向的にいいところは必ずあります。それをいかに生かしながら経営をいい方向へ導いていくか。それを行うのは経営者です。

よく行き詰まったらどうしようもないというけれども、行き詰まるということは、もしかしたら問題が終わっているのかもしれません。ということは、新しい道があるということです。そういう判断をしなければだめです。

よく皆さんは、簡単にプラス志向といいますが、それは単なる言葉だけの話で、具体的な実例として、必ず時代の変り目がある、節目があります。何かが終わり、変わってきているということは、逆にいうと新しい時代がはじまっているということです。そういう時は経営者は、光を見にいかなければなりません。どこから光がさしてきているかを見極めていち早くそこへ行くことです。

暗いからといって打って出ないのは、経営者の資格がありません。経営者が動けば全員光のほうへ向かっていきます。ですから社長は常に光を見る力を養っておくことが大事です。悪いことがあっても、悪いことばかり思わず、悪いことがあるということは、必ずいいことがある、どこかにいい部分がある、悪いからこそ何か終わりかかっているのだと考え、新しいものを見つけないといけない。

たとえば品質が悪いのであれば改善できます。失敗は成功の母とか失敗なくして成功なしとかいわれますが、まさにそういうことです。失敗のない経営はありません。ただ、全体のバランスをよく見て、戻れる失敗をしないといけないということです。そのためには常日頃パートナーとかアドバイザーに相談し、自分自身がよく勉強することだと思います。失敗しても大丈夫です。人がしたことは、必ず戻せます。そういう信念を持つことです。私自身いままで歩いてきた道を振り返ってそう思います。

第四章

経営理念と戦略

先にも書きましたが、起業家の皆さんが、二一世紀に自分の企業としてどういうふうに生きるかということを考えて経営計画書の中で明確にする必要があります。

少なくとも自分の業界、自分のマーケット、時代を背景にしてどうなっていくか、ということについていろいろな書物などで勉強して、自分なりの理論を明確にして、第三者にも少し見ていただいて、なるほどなといえるようなものを自分なりに努力して書くのです。

まず経営理念です。人にとって一番大事なのははポリシーであり理念です。会社は法律でできた法人ですから、そこに息吹、魂を吹き込んでやらなければなりません。それが経営理念です。

「会社は仕事を通じて社員皆の人格形成と会社を通じて社会で何かでお役に立ち、貢献できることをテーマにし、お客さま、社員が幸せに、また喜んでいただく会社づくりを目標にしていこう」ということで、各社の基本的政策、基本的考え方、社会的な考え方をここにちゃんと入れます。

短期・中期・長期計画

ところで経営計画には短期計画、中期計画、長期計画という三つの計画がありますが、これを皆さんはっきり書かないことが多いようです。

まずは短期計画ですが、後ほど述べる社長の一〇ヵ条の「先見性」というところに出てきますが、社長は、つねに一年先をつまり短期計画を頭に置いておかなければなりません。一年先を見通した短期計画で会社の姿を明確に予測する。明確ということは、たとえば株式公開すると、売上げは、上下一〇%。経常利益は三〇%ぶれがあると業績修正ということで、株主との信頼関係を失うことになるからです。ですから一年先については、ある程度明確に予測したものを実践していくための数値を出さなければなりません。

基本は、まず売上げと具体的な作業、計画です。プログラム、商品、人事計画、経費計画、いわゆる予算管理含めて一年を予想する。

中期計画は、大体三年まで、長期計画は五年以降と考えたらいいでしょう。長くなればなるほど予想しづらいですから、それは自分の思いも含んで、勉強したうえで具体的に書いていきます。そうはいってても書けないところがありますから、そこの部分は適当でいいと思います。

自分がトップであるかぎりは、自分の思いがすべてですから、それが多少まちがっても、自分自身でまた勉強しながら修正をかけていけばいいことです。修正をかけていけないのは、短期です。長期になると、逆に修正をかけていかないと、遠方のものは具体的に神のごとく見える人はいません。経営コンサルタントの大先生でも見えませんから、それはいいと思います。だからこそ自分がどう思ったかを現在しっかりと書いておかないと、先になってぶれたときに、そのときどきの場当たり的な話になりますから、自分は自分としての意識でつねに先のことを考えていく癖をつけることが大事です。

販売戦略

具体的にどういうふうにして自分のところの商品とかサービスをマーケットで勝ち得る

だけの方策をここに入れるか。基本的な方策を入れるかということです。たとえばタカショーの場合ですと大手の企業の入りづらい特殊な分野をねらう。ハイタッチのほうですから、われわれは、新しい時代に合った新和風のフルアイテムを取りあわせして、ソフトをつけて空間別に商品を組み合わせてお客さまにご提供申し上げる。

そして将来の業種的発想の企業から生活ライフスタイル型の供給メーカーに移行していくということで、将来は、どういうふうにして発展していくかを少し分析して自分なりの思いを書きます。

ガーデニングに限らず、一般的に、販売戦略を立てるときの基本的な考え方としては、まず競合先の研究、それから利益の出し方を考えなければなりません。

例えばデル・コンピュータがインターネットを活用した販売方式をやっている最中にルート販売でやるということは非常に危険です。というのも、基本的には流通の長さは利益に反応してくるからです。市場環境と利益政策をちゃんと考えて、それと長期的に見てどういう形が定着していくかという見極めをしないといけない。

それには世界のトップシエアを持ってる業界、メーカーが各国にありますから、そうした各国のメーカーを調べるのです。それと自分の力を見極めて段階的に販売方式を構築するのです。しかし、一挙に構築することは危険です。

そのときどきの自分の力を見極め、いまの段階が終わったらその次にどうするか。同じ手法でいくのか、次のステップアップをするのかを考えます。もちろん、それは戦略的に秘密にしないといけない。

逆に段階的にいかないのであれば、大きく旗を揚げることです。デル・コンピュータのように。うちはこういうふうなビジネスモデル、生産方式、販売方式で、こういうふうにやっていくということを明言するのです。

これは販売戦略を考えるときに非常に大事なことです。それが決まると、そのための手法が変わってきます。ダイレクト販売するかルート販売するかでは全く手法が変わります。ましてや販売経路が変わると、流通も全く変わってきます。

したがって、ものを売るには、見極めをしないといけません。見極めの中で同時に時代を読んでいなければなりません。いわゆる流通の仕組みを読むことが大事です。読めないようであれば経営すべきではないのです。

業界は違いますが、事例として松井証券の松井道生社長の考え方は非常に参考になります。

松井さんとはまだ松井証券が下位の頃二週間の旅行で一緒になり、毎日語り合ったことがありますが、私と生まれがわずか数カ月しか違わない同年代の人間としてその志の高さに感心したことがあります。その松井社長は慎重に慎重に物事を考えながら、会社の特徴をネット販売に切り換えました。そのために必要ないことは、全て切り離しました。そこには、証券業界は今後なにが主流になるという読みがあったと思います。このように、販売戦略においても社会的貢献をする手段として、どういう形がこれから主流を占めていくかという読みがきまれば、販売戦略は決まってきます。

ルート戦略

ルート戦略の基本は、たとえば直販をするのか、あるいは問屋を経由して販売していくのか、どういうルートでいくのか。そのルートは、どういう特性があって、われわれは、それに対してどのような役割を果たしていくのかということです。それをどのようにして達成できるようにするのかといったことです。タカショーの場合は、業種一番店、業界一番店。とにかくナンバーワン店との取引をしていくことが、われわれがナンバーワンになる条件です。一言でいうと、時代をつくる。

商品戦略

たとえば特殊な業界で、人のやらないもの、リスクあるものを積極的にやっていく。圧倒的に差別化してトータルに提案しましょうということで、商品戦略をねらっていく。

あと地域戦略。地域密着型で、地域代理店のサポートを徹底しながら進めていこうとか、その販売先との関係をどうするとか、いろいろあると思います。

あとは販売戦略です。販売戦略は販売に結びつける要素をどういうふうな手段で、気づかれないような、また独自の体系を組めるか。たとえば広告はどうしますか、カタログはどうしますか、ＤＭはどうしますか、諸々あります。代理店政策をどうするか。訪問の仕方をどうするか。顧客の満足度はどうしますかということです。

物流システム戦略

モノをつくったら物流がありますから、その戦略をどうするか。オンライン下の受注、いわゆる人出のかからないような、また正確さを増すような、タイムリー、いわゆるロジスティック的デリバリー体制をどういうふうにつくっていくか。これもすべて物流です。これの具体的な政策を短期と中長期でする。

企画開発戦略

これも自社戦略に基づいて企画を立てていくことになると思います。これは商品、たとえば商品にまつわる工場の戦略、商品をつくるべきコスト論におけるところの工場論、地域論、グローバル論、展開論、人事的なもの。マーケティング論でどういうふうな商材を集めるべきか。情報をどういうふうに継続的に収集していくか。またそれをどう分析するか。その販売先をどういうふうに調査して、それの具体的経営計画にどう結びつけていくかを踏まえながら進めていきます。

ブランド戦略は早くから考えよう

戦略で大事なポイントにブランド戦略があります。企業の財産であるブランド戦略について、タカショーではどうしたかについてお話ししましょう。

タカショーにはCIマークというのがあります。(タカショーのCIマーク写真を参照)紅い丸は無限のエネルギーを放つ太陽、緑の輪は地球の環境、人と人との輪、そして同じ思いと技術の共有が生み出す無限の力を表しています。縦のグレーは竹を表し、私たちの企業の伸びゆく力を象徴しています。竹は空間に新しいパワーとやすらぎをつくりだします。人と自然、それぞれの力が響き会ったとき私たちタカショーの夢は実現するのですと書いている。それでタカショーのマーク、風・光・水・緑のこういうマークをつくっています。

コーポレートステートメントは「ハート・アンド・アート」。コーポレートショルダーフレーズ、会社の名前のショルダー、肩にかかるフレーズですが、これは「やすらげる空間づくり」。企業フレーズ、これは「株式会社タカショー」。それからコーポレートマーク。コーポレートブランドは「タカショー」です。

こうしたことは、お金がかかっても最初から商標をとっておかなければなりません。商標をとってない会社に将来性はない。危ないですね。もし同じ商標を他社にとられたら終わりですから。

ソニーがその商標をとられたら、ソニーは終わってしまうでしょう。実際、この商標の問題で苦労した会社はいっぱいあります。まして、上場するときの申請でひっかかるのはここです。もし商標が使えないということにでもなったら、全部印刷物は刷りかえなければならなくなります。商品も同じです。その損害たるや大変なものです。商標を先に登録してしまった企業にその商標を譲ってもらうにしても、場合によったら数億円かかります。

そんな余計な経費を使うような状態になったらもちろん公開できませんから、上場することを考えるのであれば、最初からブランドを早くとっておくことです。

ちなみに、タカショーは商標を二〇年前にとりましたし、アジアや欧米でもとっています。

さらにタカショーではプロフェッショナルブランドと一般ユーザーブランドを分けました。

したがって当然のことながら設計・施工を必要とするプロの分野と、一般の方のように楽しめるという商品とは、もちろん商品も違ってくるわけです。ですからブランドも区分けしていかなければいけないのです。

ここで皆さんが間違うのは、すべてのブランドに、たとえば「タカショー」とつけてしまうことです。

例えば「パナソニック」というのはコーポレートブランドであって、商品ブランドでは使いません。「パナソニックテレビ」とはつけないのです。というのも、今はヒットしていてもそのテレビがだめになったら、パナソニックが消えてしまうからです。つまり、商品のようにライフサイクルがあるようなものに、絶対に自分の会社の社名を入れないのが基本です。これはしっかりおぼえておいてください。

もちろん会社としてのコーポレートイメージは大事ですが、それを商品ブランドの中に入れてしまうと大変なことになるということです。

それと、ブランド価値を高めるには先行してる業界を見る、例えばファッション業界とか衣料品業界を見ることをお勧めします。

特に遅れた業種を近代化するというテーマで事業を考えていた私にとって、進んでいる業界がどうなってるかということは非常に戦略を立てるときに参考になりました。

庭での暮らし方をどのように楽しむか。幸せな気持ちをどういうふうに住まい心地として味わえるか。それを考えようと思ったら、一つは国内でもそういうファッション衣料関係のメーカーの動きや海外の先行しているメーカーを研究してみることが戦略を立てるときに大いに参考になりました。

また、タカショーのカタログなどのデザインは基本的に社内でやっていますが、全部私なりに意見を言います。細かいことまでは言いませんが、自分の持ってるイメージを伝えるのです。

経営戦略の基本は人とモノと金ですが、三つをまとめる中で、情報サービス戦略をどういうふうに組んだうえで人とモノと金をどうするかということが大事です。人は人事戦略です。モノは、時代の具体的な商品、販売すべきものです。金はどういうふうに資本を調達していくかです。つまり自己資本でいくか、銀行からの借入資本を使うか、マーケット、第三者からの投資を仰ぐかといった資本政策です。さらに流動化計画があります。そういうところを段階的に組んでいくことになると思います。

こうしながら各部署の短期の計画に入ります。中長期に関しては、各部署から上げてもらう必要は、基本的にはないと思います。

短期の計画をつくるとき、一年間、いろいろなミーティングを細かく持つ。たとえば立ち話もミーティングです。それから、経営者はメモることが大事です。メモがとれない人間は、基本的にだめです。社長は一人で五役も一〇役もできないとだめです。二役や三役ではだめです。そのためにどうするかというと、三方からものが見えるところにいつも立っていることです。そういうときに、こっちから見たときはこっちのメモをとり、別のところから見た場合は別の立場から見たメモをとる。たとえばトップなら、こう考える、お客さんはこう考える、社員はこう考える。そういうものをつねに何役にもなってやるのです。人の意見をよく聞く。自分の考え方を明確にする。アイディアがあったらすぐメモる。

これが大事なことだと思います。そういうところが経営計画書の基本でありポイントであり、それで十分だと思います。

そして具体的に資本政策などに入っていきます。

第五章

資本政策

四段階で考える資本政策

企業に関する金融には四つの段階があると思います。第一金融は自分のお金です。第二金融は銀行からいかに信用力を持ってお金を借りる。そのための銀行への信用のつくり方、銀行との取り組み方を考える。第三金融は、公開です。これは必ずしも市場へ出すということではなく、第三者から出資を募るというやり方です。さらに正式な上場、どちらかというとジャスダック的な上場です。

その次は、資産の流動化で、これがいわば第四金融です。これはいま持っている、たとえば手形などの資産を流動化させ回転させていくということです。このように資金計画にはいろいろな段階がありますが、もちろん最初は、圧倒的に自分のお金です。

資本政策は、短期でなくて、中長期まで含んで資本政策を組んでおかなければなりません。水を入れられる器の水の量にたとえると、会社を運営するとき、どれだけの水があるかを計っておかないと、途中で水切れして飲めなくなり、共倒れになります。どれだけの水があるか、または雨が確実に降るか。溜め池にどれだけ水が溜まるか。それを計っておかないとだめです。いざ足りないとき、どこから水を調達できるかも重要です。これによって命を助けられるからです。

そして第三者に株式公開する、いわゆる第三者の資金を得るときにも、基本的条件の中でいちばん大事なのは、資本政策です。会社は資本に応じた成長になるからです。

そして資本をいかに早く回転させるか。あるいは大きい資本で回転が遅くても、しっかりした経営をするか。この資本の使い方が経営だと思います。資本調達、資本の運用、運営は、大事なところです。

まず創業期は、自分の信用の元手ですから、まずお金がなかったら身内から借りるか、あるいは自分でお金をためて資金をつくります。

まず経営でもっとも大事なのは、税金を納めることです。とかく人は、悩みながら税金をごまかすものです。ところが、日本で経営している限り、一〇〇%社内留保するためには、税金を納めるしかないのです。税金を納めるのはあたりまえという話ではなくて、社内留保をいかにしていくかを考えれば、やっぱり基本は、税金を納めることです。そして残ったものは、明白に社内留保、資産として積み上がっていく。このスピードを上げることが、創業時は一番いいと思います。それをベースにしながら信用を得て、銀行との付き合いをはじめます。安定したお金がつねにプールされるようになれば、銀行からも信用を得て貸してもらえます。

ですから、まず利益を上げ税金を納めることですが、そのためには、創業時は、給料がゼロでもやっていくという思いがないと無理です。経営の基本は簡単で、お金を使わなければいい。たとえ一〇〇円の利益が上がっても、使わなければ、一〇〇円儲かるからです。ところが、大半は先行投資という名目でお金を使ってしまうから、内部留保を崩してしまうところが多いのです。まず創業時は、働くこと。自分で働くこと。休まないこと。それからお金を使わないこと。少しでもお金を儲ける。少しでも売り上げる。利益率が高かろうが安かろうが、ともかく働くことです。

理屈は、結果論であって、日々実践しかないのです。その結果が出たとき、人は自分の経営を論理づけたり、理論づけたり分析して見せたりするのですが、それはあくまで結果論です。

ただし、それがいつまでも続くわけではありません。ある一定段階で次のステップに上がります。その段階になると、ちゃんとした数値管理が必要になってきます。これは予算管理です。そこから経営がスタートするのです。

二人以上になってくると、組織になりますから、お互いの数値を予算で、また方法論を具現化し、文書化して、それをお互いがやり通しながら、たとえば数値と現実とのぶれを月一回は、必ず反省することが大事です。本来は半年に一回は、決算めいたものを出すのですが、個人会社の場合は、なかなかそうはいきませんから、一年に一回の決算が出たときに、自分だけの判断ではなくて、経営のカウンセリングをしてもらえるホームドクターのような外部のアドバイザーをつくっておくことも考えておくことです。

一年一回の決算が終わったら、自分なりの判断と第三者の判断をしながら反省して、次のステップを決めていく。そこで経営計画書のベースになる次期のテーマが生まれることが多いのです。反省がない経営計画書は、経営計画書として失格です。

それから銀行がホームドクターになります。さらにいろいろな会社、たとえば中小企業同友会に入っていろいろ異業種の方と話すことで、自分の会社の位置づけがすべからくわかります。ですから当初は、ある程度オープンに話ができる仲間を持つことです。それがしばらく落ち着くと、会社として形を成してきますから、決算書が出てくる。決算書が出てくると恥ずかしがらず、それは第三者のものとして、自分個人のものではないという判断のもとに見ていただくことです。たくさんの会社を見ている銀行、会計士、それから簡単でいいですからコンサルタントに見ていただくといいと思います。

そういうふうにしながら、今度は第三者の投資という段階になってきます。

そうなってくると、ベンチャーキャピタル、いわゆる投資を職業としているプロフェッショナルに見ていただくと、利益性があるとか将来性があるとか判断されます。タカショーの場合は、株式公開するという、これも文書の中で出ていますが、ある一定のところで株式公開判断は、いわゆるそこの判断か大きかったと思います。

第六章

株式を公開するためのテクニック

公開型の企業にするのか非公開型でいくのか

株式を公開するためのテクニックは、考えているほどたいしたことではありません。ポイントが理解できたら皆さんの公開も早いと思います。

そして何よりも同業者の中で公開企業が出ることは、ものすごく勇気になります。

私が参加している中小企業家同友会の中でも、上場したいという強い意志があれば実現できる企業が少なくないと思っています。

それにはまずしっかり確認しておかなくてはならないことがあります。それは上場すべき会社なのか、二～三年で終わる会社なのかの見極めです。

もともと上場する最大の目的は、資金を集めることです。上場してしまって一番まずいのは、借金を返すとか、銀行に預けてしまうとか、会社の資金繰りだけよくすることです。集めた資金の運用ができない、やる気がない――これは問題です。

上場する前に先行投資をしていれば返済に充ててもいいと思いますが、少なくとも上場するということは、投資家に対しては新しい利益を生む投資でなければなりません。その先の成長性がみえるから投資家の皆さんにお金を入れていただくわけですから、明白に利益性と成長性を投資家にＩＲして投資をしてもらうという行動に入らないとだめなのです。

監査法人による監査を受け、ダブルチェックにして、フローチャートもちゃんと第三者にわかるようにつくり、どこからも明快にわかる業務システムにしておく。そういうことをしっかりしておけば、社員が一〇人もいれば公開は十分できます。それは立派な、いつでも上場できる公開型企業です。

しかし、公開型になったからといって上場できるかというとそうはいきません。今も言いましたように、そこに成長性と利益性がなければならないからです。利益が生れなければ誰も投資してくれません。では成長性と利益性をどのようにして表現したらいいのでしょうか。そのためには、実は単年度だけではなくて中期、長期に会社がどのようになっていくかを見通しておく必要があります。もちろん、実現性がなければなりません。いったことが実現していくということは、投資性を高める重要な要因なのです。

そのへんのことを判断して、まず公開型にするかどうかを判断します。そして投資家からの金を預かっても十分応えられるような投資性を高めるための成長性をつくる準備をします。会社の事業計画、利益計画を含めた事業目的を明確にするのです。それがうまくいったら、多分、ベンチャーキャピタルも投資してくれると思います。

ところが、大半はそうではありません。公開型にしたら上場できると思っているし、利益が上がったら何とかなると思っていて、一番大事な会社の継続性が考えられていないケースが少なくないのです。そういう会社に限って、長期的に株をもってほしいといいます。ベンチャーキャピタルにしてみれば、あなたの会社は本当に長期的に投資できるのか、ということになるのです。

まず公開の切符を取ろう

公開企業として、私は店頭（ジャスダック）市場に上場しました。全国区で行くならば

公開の意味と考え方

公開の意味

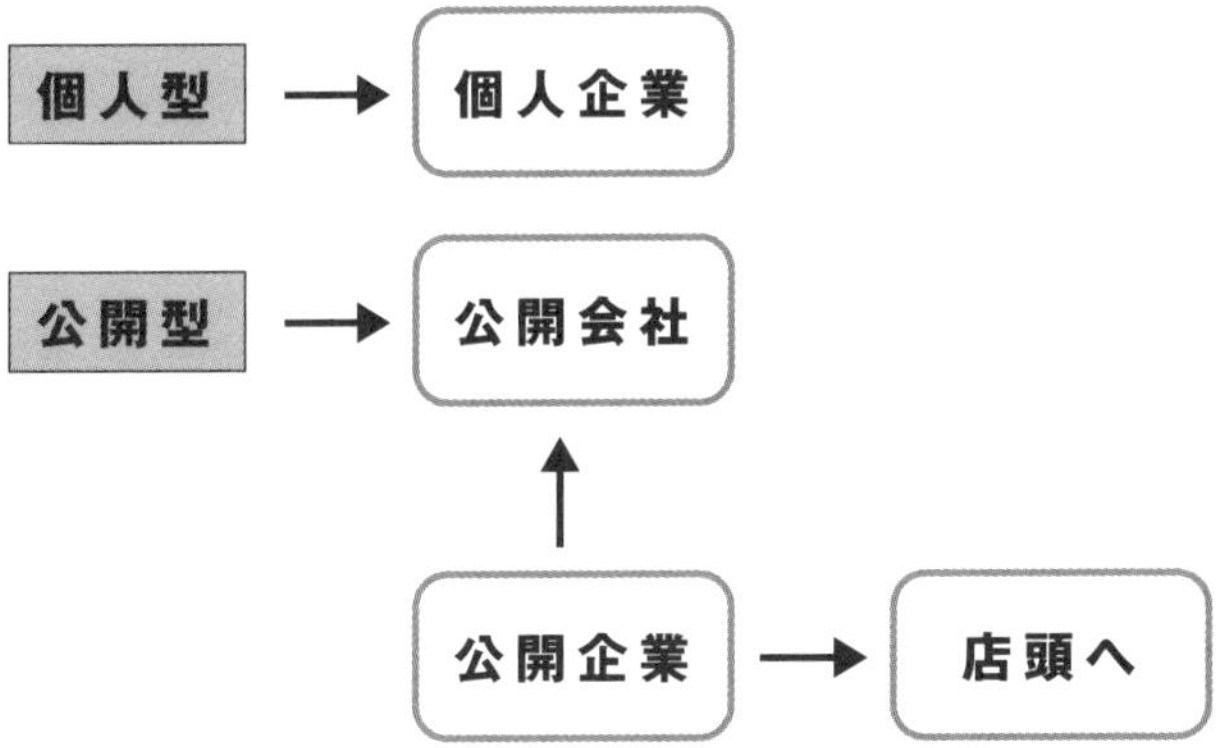

資金調達の道

公開とはお金を預かること
投資していただける市場
(成長性のある業界・利益性)

ジャスダックですが、地方であれば大阪証券取引所やヘラクレス市場で十分だと思います。まず公開して、切符さえ取ったら勝ちです。

ボウリング場を展開するRという会社があります。その社長さんは私より若いのですが、地方の私立大学をを出て起業した人で、彼は、まず公開の切符を取ることが大事だと言います。私も同感です。

非公開でいくのであれば、非公開で徹底していく。そうでなく会社の株式を公開するのであれば早く公開してしまうことです。公開すれば、ヒトもカネも集まってきますから、それからの会社経営はなんとでもなっていくものです。

社員さんの数も三〇人、四〇人ぐらいの規模で上場している優秀な会社はたくさんあります。いま社員さんの数が多いからいい会社だというのは古い考えになりました。

資金の調達の道も変わってきました。個人から、それから次は銀行からというは過去の話です。公開して市場から調達するという考えを持つべきだと思います。ただ、公開とは、おカネを預かることであり、投資していただける対象となり、その投資に対して経営者は配当で返していくということです。

ところが、とにかく株式公開が最初に来るからおかしなことになるのです。ときどき株公開して…

1. 知名度がつく
2. 信頼がつく
3. 社員の自信がつく
4. 仕入先・販売先の信頼
5. オーナーと経営の分離
6. 経営が近代化
7. M&Aしやすくなる
8. 会社の経営が明白
9. 資金が豊富

式公開したら、どんないいことがありますかと聞かれることがあります。それに対してはいいこともあれば大変なこともありますよと答えています。

タカショーは借入金が今はありません。従って担保はもちろんどこも入ってませんし、保証もしていません。しかし、銀行からは相変わらずおカネを借りてほしいと言っていただきます。それも都銀さんの超一流のところがいってくださる。このように、株式を公開するとまったく銀行の見方一つとっても違ってくることは確かです。


後ほど述べますが、私は、まだ会社が小さいときから、銀行に通っていました。きっちり経営計画書と決算書を持って銀行さんに挨拶に行って説明していれば、株式を上場していなくても、銀行さんはおカネを貸してくれます。ただし絶対条件は利益を出すことです。価値のない会社にはおカネは貸しません。これは誰しも一緒です。会社で価値ということは利益です。この価値さえ上がっていれば、おカネは貸してくれます。その価値が増大していくのであれば、みんな投資してくれます。これが上場ということです。

計画なくして実践なしということを肝に銘じて、ぜひ自分の会社の短期、中期、長期の計画を作っていただき、株式の公開を目指していただきたいと思います。

時代をつくるために会社をつくっているのか。それともある種瞬間的に役に立つような瞬間的な会社にするのかということの見極めをしておかないとだめです。それはちょっとプロだったらすぐわかります。例えばＩＴ技術はどれだけ続いているかというのがわかります。瞬発力はあるけれども落ちるときは早いということは歴史を見ればすぐわかります。そういうことがわかっていながら、実際先のことを嘘をついてまで一時しのぎで資金を集めようというのは、その後の反動が大きいということをよく知っておいてください。もし瞬発的にうまくいく会社がお金を集めなかったら何の問題もないわけですが、そういう企業が資金を集めることに問題があるわけです。だから最初からわかっているのに、要は嘘をつくわけです。それは本人もわかっていると思います。

だから、例えば三〇年か五〇年単位ぐらいでこの業界は一つの大きい流れになるだろうと踏んでいるのであれば、ある時代をつくるということで会社を作っていいと思うのですが、どんなに考えても二、三年で技術が変わるのと考えるのが当然です。となると新興的な会社も出てきます。当然負けた会社は次に勝とうとしますから、次の商品を開発するわけです。ですからビジネスモデルがかなりちゃんと時代に則った背景があるようなものでないと長続きしません。ＩＴブームなどは、実はその背景が非常に浅かったのだと思います。

第七章

株式公開の実際

公開企業の経営者に相談してみよう

株式公開について言いますと、大体お金のない企業に成長性が高いところが多いものです。逆にお金がたくさんあるときは、公開しようとか市場から資金を調達しようと思いません。あたりまえですが。私も同じでした。そうした企業は資本が過少です。過少になった段階で資金を調達しようとします。ところが一〇〇〇万円ぐらいの過少資本のときに調達をしようとしても実際には調達できないのです。第三者割り当て増資で一〇〇〇万円をベンチャーキャピタルから出資してもらおうとしても、実際には、五〇%、五〇〇〇万円しか投資してもらえません。実は、こういうことがまったくわかりませんでした。

それと資金調達に関してワラント債を発行するということもやってもらったのですが、この段階からは、しっかりしたコンサルタントというか、相談相手を見つけておかないと資本政策の大きい失敗につながりかねません。

たとえば資本金が一〇〇〇万円程度のときに、ちょっとした拍子で投資会社に委ねて資本を入れてもらうということがありますが、一回入れてもらうと、その出資は売買以外は抜くことができません。最悪の場合、会社をつぶして破棄する形にするか、利益を上げない場合に放棄してもらうかというになりますが、会社が利益を上げてくると、当然その利益に相応した形での買戻しという話になります。それもたいへんです。そういうことが起きないようにある程度資本政策をやっておく必要があります。

株式公開後に聞いた話ですが、当初、公開したときに、たいした金額が手元には入らないものです。ベンチャーキャピタルが売り出してしまい、実際に自分の株は、あまり売り出せないからです。ですから最初から、どう売り出してどのくらいの資本を得るのか、最初からベンチャーキャピタルにどう入ってもらうかどうかもよく検討しておいた方がいいと思います。

たまたまベンチャーキャピタルからいい声をかけてもらい、評価されたような気になったり、英雄になった気分になって投資してもらう起業家の方がいますが、それは慎重にしておかなければいけません。

いろいろな資本政策上の問題に関する相談相手は株式公開をした会社が一番です。なかには株式公開に当たって株式公開室を設置した会社もあります。そうしたセクションがなくても、おそらくどこでも相談に乗ってくれると思います。公開した企業は、良かったこと、悪かったことがわかりますから。

先ほど述べたコーポレートのマークをつくったのは一九九〇年です。

それで家内企業から中小企業、中堅企業、さらに資本を集めて大企業に。家内的な企てしかできない会社のことを家内企業といい、中小企業的な企てしかできないことを中小企業というのです。

結局、これは資本のことをいうのです。中小的な企てしかできないような資本しかない会社を中小企業というのです。

私は資本金一〇〇〇万円のときにカタログを数千万円かけてつくりました。そうした手段が中小企業を中堅企業へもっていける要因です。

何もかも中小企業のままだったら、大企業になることはありません。何か先に仕組みとか手段とかを講じておかなければならないのです。

もともともっている資本金の規模レベルでこう呼ぶのだという意味が、みんなわかっていません。政府が決めたとか、昔からそういわれているとかいいますが、ちゃんと意味をもってるのです。中小企業を超えるような企てをすれば、資本金は一〇〇〇万円でも大企業になれる可能性があるわけです。それを過小資本というのですが、そういう意味をしっかり認識する必要があります。何もかも中途半端になっていて結果論だけでものをいうから、話がますますわからなくなってくるのです。

そうして私は家内企業からスタートして、このままでは企業を大きくすることができないということで友達に参加してもらって中小企業になりました。

次に中小企業で、本社が地方にありながら、マーケット規模や、将来お客様の規模を会わせて予想するとどうやら大きい成長ができそうだということで、当然そういう経営戦略を立てます。そうなると人と物と金を揃えなければならないということになって、それぞれに企業のストーリーが始まるわけです。もちろん、どこの会社でもそれぞれストーリーがあるわけで、ここのストーリーはあくまで自前のものです。

こうして私は公開を決めました。

公開を決めた夜

公開を決めたのはある日の夜のことです。

私には三年間ほど子供ができませんでした。彼女は独身時代に武庫之荘という尼崎の高級住宅地で保母さんをしていましたが、私が作詞・作曲をし、家内がピアノを弾いて保育園で歌を歌ったりしていました。

そんなわけで家内は子供が大好きだったのですが、三年ほど子どもができなかったので奈良の山田寺というところにお参りに行って朝夕拝んで、ようやく子どもができました。調べてもらったら、相性はいいんだけど男性の精子が弱いということでした。

二人目の男の子ができたのが、九年後です。

しかし子供ができづらいのは、仕事の負担のせいもあったと思います。精神的な負担があるなかで三年目に子供ができたのですが、ちょうど創業した当時です。

子どもができて一番悩んだのは、給料を誰が払うかということでした。そのころは経理を家内がやっており、お産をするためには病院に行かないといけないわけですが、銀行の手配から給料計算をして払うことまで家内がやらないといけない。しかし、現実にはやれません。しょうがないから昔からお世話になった女性に頼んで何とかやったのです。

そうしながら、今度は子育てと会社の仕事と、もちろん家庭もある。それで子供を保育園に預けるのですが、保育園に迎えにも行かないといけない。子供を育てないといけない。食事もしないといけない。奥さんがすべてです。旦那は旦那で仕事としてはそれなりにやっていたけれども、家内は、「もういいかげんにして、私は大きい会社にしたいと思ったこともない」と。

もちろん私のやっていることを応援はしてくれてるます。やりがいもあるし、仕事をさせてもらえることはありがたいともいいました。だけど、騙されたというわけです。ちょっと手伝ってといわれて、だんだん仕事が大きくなり、責任も重くなって、肝心なときになると責任だけまわされると。

私としては家内は家族ですから相談すれば信頼関係ができると思って相談してるのですが、家内はすべてまじめに考えてフォローしようとします。そうすると家内がますます大変になる。月々五〇〇万円や一〇〇〇万円ぐらいの売上げ規模のときにはそれほどでもないのですが、やがて売上が月に一億円ぐらいになってきても、所詮は個人経営ですから個人の責任、個人の資金繰りで、個人の経理で運営していました。それが年間売上一〇億円、一五億円を超えてくると担保に入れるものもない。給料を払うといっても資金繰りはどうなるか、常に先のことを計算しないといけない。子供のことがある。おばあちゃん、おじいちゃんのこともあります。

そんなことが続いてある夜に、「いいかげんにして、あなたは会社を大きくして偉くなってたくさん税金を払って立派になって満足でしょうけど、私はパートさんで十分です」と家内にいわれて、夜中の一時が二時ぐらいまで話しをしました。

そのときにわかったのは、女性の人生観と男性の人生観は違うということでした。女性は家庭、子供を守り育てることが基本で、飯を食べさせる、権威権力を拡大していくことが男性としての価値観かもしれない。これはまずいなと思いました。

そこで、ここまできた会社をどうするかと考えました。そこで同級生である二人に相談して、やめようかとも考えました。

やめるというのは、それ以上やらないということです。だけど攻撃は最大の防御といいますから、攻撃しなくなったらあとは縮小で倒産します。だから早く手を打っておかないと、縮小するのも積極的に縮小しないといけない。縮小のほうがむずかしいことはわかっています。惰性的な縮小は倒産につながります。

私が一番嫌いだったのは個人保証でした。人の仕事、社会のための仕事に個人で保証するとか、社員の結果を個人で保証するとか。もちろん保証できる範囲なら保証します。しかし一〇億円、二〇億円にもなると、それを個人で保証して払えなくなったら大変です。できないものを保証していくことは、私個人では無理だという話をしたら、みんながやっていこうということになったのです。やるなら、ここではっきりと公開型にしようと。そのかわり、私はプロの経営者でいくから、お互い公開会社として親友であるといった私情を捨てて割り切って進んでいこうということを決めて、公開しようということを九〇年に発表したわけです。

第八章

ベンチャーキャピタルに提出する事業計画書の書き方

経営計画書とは違う事業計画書

さて、公開を決めて、私が一番面食らったのは、日本アジア投資の事業計画書でした。今原社長がみえて、投資するためには書類が必要だから、経営方針などをちゃんと書いてほしいというので、書いたのですが、書く中身がさっぱりわかりませんでした。どう書いていいのかわからない。

しょうがないからＴＫＣの計理士の先生に頼んでみてもらいました。経営方針などは自分ですべてやるとして、経理上の数値については計理士の仕事ですから、これはお願いしました。それから日本アジア投資の担当者に、こういうモデルがあったらみせてほしいと頼みました。

経営の基本はコピーです。いいものを写し取り、学びとる。絶対条件は、手本となるいいものです。まず先に、真似る。その繰り返しです。そこからオリジナルが生れてくるのです。基本ができてないとほとんど邪道ととられます。基本を勉強しないとだめだということは、第一部でもふれましたが、若い頃音楽をやっていて身にしみました。ですからLCAで、経営研究会で勉強できたこと、その間にいろいろ勉強できたことや出資してもらうがための事業計画を出すことで勉強したことは大変勉強になりました。

では、どんな考え方でまとめればいいか。

まず基本は、条件フォーマットです。どんな内容を出せといわれているのか。これが、われわれが経営していくについて大事な項目です。

極端なことをいうと、嘘でもいいからそういうものを書かないとだめなのです。嘘も方便ということがあるでしょう。全くの嘘は嘘つきですからダメですが、基本的には嘘だと思うぐらいのつもりでも自分の意思から生れるものですから、自分で何とかしようという意識で書くのです。それは藁をもすがるで、何とかしようというベースになる。

それは経営者の裁量です。自分でできる範囲のことを書いて、現実的にここまで経営しているわけですから数値もある程度わかるし、いろいろな人と出会っているからそれなりのこともわかるし、それをもとに書くのです。

これは、中小企業家同友会でみせてもらった計画書とは違います。事業計画書はベンチャーキャピタルが投資対象として利益を生む根源を書いたものですから、一切公開できない内容です。銀行さんに対しても公開できないものです。

具体的に説明しますと、まず、事業開始の動機ですが、私はこう書きました。

和歌山県出身の松下幸之助のように、世界に名前の知れる会社をこの和歌山につくりたい夢があった。幼い頃に父が堅実に全国に個人商売をしているのをみて、知らぬ間に商売が心の中で育ち始めていた。学生の頃、谷村新司、吉田拓郎などフォークソングで夢を追いかけ、ディスクジョッキーやテレビステージにやがて失望し、現実の夢に戻り、経済分野で名前のある企業をつくろうと建築資材商社に入社。三年東京におり退社。Uターン後、和歌山で父の後を受け継ぐ。しかし、存在意義の少ない個人商売に失望し、日本ベンチャーリンクで基本から勉強し、友人や家内、知り合いと会社をつくり、人にやらない、やれない仕事を地場をベースに世界で一番の会社をつくろうと株式会社タカショーを設立。

このように会社の概要は必ず書かなければなりませんから、株式公開しようという会社は、それまでの歴史を記録しておかなくてはなりません。ダンボールでもいいから会社の歴史は突っ込んでおくことです。これは商標登録も含めてやっておかなくてはならない第一条件です。

会社の概要は変に気取らずに素直に、自分はどこどこで生れた何とかです。何年に、どこの小学校と中学校を出て、どこどこの高校を出て、どこの大学の何とかを出てました。そこで就職し、退職して現在です。いってみれば、こんな僕でもいいですか、結婚してくれますか、ということです。これがもとになります。

次に事業計画です。

ルート別の売上げとか、マーケットの現状と見通しと、当社製品の事業の特徴、主要販売先、マーケット規模、主要競争先を書かなければなりません。

財務計画書は経営方針です。会社概要、事業計画、財務計画、その他の参考事項というような内容を盛り込みます。

この事業計画書をもとに評価してもらって、株式に投資してもらうのです。

第九章

資本政策の注意点

――ワラント債のこと

ところで、株式公開に際して、タカショーでは初めてワラント債の発行を行いましたが、これがよくわかりませんでした。説明を受けても良く理解できなかったのです。

まず、私自身が株が全くわかりませんでしたからなおさらです。私は何事でも、わからないものはわからないと尋ねるのですが、ワラント債に関しては聞いてもよくわかりませんでした。

証券用語集をひもとくとワラントについてこう書いてあります。

ワラント債（新株予約権付社債）とは、発行会社の株式を買い付ける権利の付いた社債のことをいいます。この権利のことを、ワラント（新株予約権）と呼んでいます。ワラント（権利）を実行することを「行使（こうし）」する、実行しないことを「放棄」するといいます。

新株予約権付社債は、新株予約権の付いた社債です。従来の転換社債とワラント債（新株引受権付社債）は、二〇〇二年四月一日施行の商法改正によって、新株予約権付社債に分類されました。

ワラント（権利）を持っていると、その会社の株式を好きな時に、あらかじめ定められた価格で買い付けることができます。このあらかじめ定められた価格のことを、行使価格といいます。ワラント債の行使価格は、転換社債の転換価格に相当します。

最初ワラント債を出したときに、発行費用が必要なのですが、当時はその資金がありません。そこで、発行費用はワラント債の分から引いておこうということになりました。比率はたしか一五％だったと思います。この段階ではまだ大したことはなかったのですが、結局それによってベンチャーキャピタルの分が増えてしまって、それが売られることになりました。

本来は、そういうときに第三者の相談を的確に受けて資本政策をやっていれば、こういうことにならなかったと思います。その結果、その後の経営がやりづらくなりました。

それと、今となっての反省ですが、一つは、売り出した株価が低かったことです。あの頃はブックビルディング方式というのがあって、本来はそれをもっと高くしておけばよかったのに中途半端に設定されてしまったことです。

二つ目は、中途半端に投資されてしまったので、その後の資本政策に苦労することになったということです。このへんは、ワラント債発行の前からしっかり話をきいていればよかったと思っています。

これから株式の公開を考えていこうとする起業家の皆さんは、こうした資本政策をちゃんと相談して進めることを肝に銘じておいてください。


こんなことでタカショー株を公開しましたが、正直に言って、公開をしたときには私は特別に何を思うということはありませんでした。

公開が決まった日に証券番号というのをもらえます。和歌山の高速道路のサービスエリアで、胃が痛くなって駐車場でひとやすみしていたときに公門部長から「証券番号が決まりましたよ。公開が決まりました」という電話が掛かってきたのですが、私はただ「そうか」といっただけでした。和歌山県の企業で店頭公開はタカショーが一番目でしたからそれなりの感動はありましたが、意外にあっさりしたものであったことをおぼえています。

第十章

銀行とのつきあい方

創業当初から親密に付き合おう

企業にとって銀行との付き合いは大事です。そこで、どのような姿勢で銀行とのお付き合いをすべきか、私の経験からお話しておきましょう。

まず創業時から、事業計画と決算結果の二つを少なくとも年に一回、できれば年に二回、自ら銀行へ行って、ちゃんと説明をして、その間にも何回か、たとえば年に二回から三回は銀行に簡単な簡易報告をおこない、絶対赤字にせず黒字にして、明快な経営をするということを最初から心がけておくことが大事です。

銀行に行けない経営者はダメです。銀行のことをあれこれ言うのはおかしな話で、少なくともビジネスで資金的なもの、例えば手形をはじめ当座も普通も全て銀行にお願いしてるわけですから、銀行は資金の仕入れ先さんです。またある場合にはお客さん的要素もあるわけです。基本的に仕入れ先さん、いわゆる協力業者さんに全然説明にも行かず、その結果、信用貸しをしてもらうということもできないような経営者は、まず公開しても無理だと思ってください。

そういう人は株主さんにもなにもできないということです。そのような自己勝手な、自己本位な人間が株式公開してもダメです。

私はあえて、トレーニングという意味でも自分で会社をつくったら銀行としっかりお付き合いをすることです。

その銀行も、できれば都市銀行は一行必ず入れておくことです。その都市銀行がどういう反応をするかということを常に自分で素直に判断の対象に入れるということが大事だと思います。

たとえば都市銀行に行って、相手の銀行員の顔色を見て芳しくないようならその企画とか借入をやめるべきでしょう。

私は、銀行さんを自分の興信所の代わりに使って、支店長や貸付担当の人の顔色を見ることにしています。例えば、新しい企画の話をしたときにちょっと相手が顔色を顰めたら、それはまずいということです。

逆に銀行からお金を貸してもらえるときは、まず大丈夫ということです。それは信用がまだあるということで、信用がなくなってきたときにはもうやめたほうがいい。何か問題があったときに警告をしてくれる、ありがたい神様のお告げぐらいの気持ちで銀行さんとはお付き合いした方がいいと思います。

それともう一つ、私は友人とともに会社を創業した時、当時一二万円位の初任給のころあえて、給与は三万円でスタートしました。

会社設立に参加してくれた岡室宏之さんにもほんの数ヵ月ですが目度がつくまでは三万円の給料で我慢してもらいました。

なぜかというと、決算を赤字にしたくなかったからです。赤字会社には銀行はまずお金を貸してくれないからです。（彼は今も有力株主で取締役と、子会社の社長をやっています）

会社を黒字にするということは、社内留保をどうしていくか、いわゆる健康的な体力をつけていくという基本をどうするかということだと思います。

短期、中期、長期の売上戦略を立てながら、目標を掲げてはじめて指標が生まれる。つまり計画なくして実践なしということです。

まず、具体的に決算書と前年度の報告、そしてなによりも今期どうするかということが大事です。銀行はよく見てると思いますが、社内留保によって体力をつけていく方法を取るのか、痩せていてもいいから長くやる方法を取るのかによって、ずいぶん変わります。

しかし、経営の基本は社内留保です。言葉を換えれば税金を納めることです。税金を納めないかぎりは社内留保は残りませんから。そして、税金を納められないような会社は、日本では成長しないのです。もちろん節税は別です。税金を納め、その一方で社内留保をしていくという経営政策を個人会社のときはとっておく必要があります。その段階から痩せコケたような会社が、上場を狙うとか銀行からお金を借りるというのは無理な話だと思います。

第十一章

人材の採用と育成のポイント

人の採用はIQよりEQを重視する

経営計画書のところでもふれましたが、私はまず、会社をつくったときに、これからタカショーをどのような会社にするかを考えました。そしてハイテクよりもハイタッチでいこうという基本線を決めたのです。

ハイタッチというのは情緒性ということです。タカショーが扱っているたとえば竹垣などは伝統文化から生まれたものです。つまり、優れて精神的な要素で売れるわけです。精神的なものというのは想像力とか、クリエイティブな要素が強いということです。それによって描いた絵を形にするわけですが、それは相手の心を見抜いて、自分がその心を形にしていくということです。それは学校で教えられた計算式の問題を解いたり、記憶をするという問題ではありません。いってみれば創造式の問題なのです。ところがいまの学校の教育では創造式を解く訓練を受けていません。人の心を読み取ったり、人の心を動かす、つまり人が人に感動を与える才能はＩＱ（知能指数）ではなくＥＱ（心の指数）なのです。

ＩＱについては、現代のようにコンピューターが出てくることによってＩＱの高さは、何かの方法で代用できくようになっています。そういう人材は、我々の会社にとってそれほど必要ではないのです。もちろん商品管理や計数管理のための電算室といった部門には必要ですが、そうした人材を集めてＩＱ型の会社にするよりも、いかに人をネットワークしていけるような人材を採用するかというところに力を入れたわけです。

ですから、今でも当社の入社試験には筆記試験はありません。まず、履歴書を見ます。それから、字を見ます。それから、経歴を見ます。それから、出身学校を見ます。それだけで十分です。それよりなによりちゃんと話せるかどうかを面接でチェックするのです。あいさつができるかどうか。笑顔がつくれるかどうか。それから、私の言ったことに対してどういうタイミングで反応してくるか。はるかにそちらのほうが大事なのです。これは今までずっとやってきていますから間違っていないと思っています。

それともう一つ大事なのは、会社には企業風土がありますが、悪い意味で一つの風土になってしまうとよくはないということです。

基本的には家族は一つのカラーに流れていきます。その家のカラーは、だれかが決めなければいけません。それを決めるディレクター、総監督がいるわけです。それはタカショーでいえば私です。ですから会社の中核になる人間の採用は人の判断にまかせないということが当然です。私が自分の気に入ったスタッフを自分で採用し、ある一定の規模までは確実に私が好きな色を決めていくことにしているのです。

タカショーは株式公開もしているから人材もたくさん来ると思われるかもしれませんが、情報が公開されていますから、うちの会社を受けてみようとする学生さんにはうちの会社のレベルも内容もわかります。そうすると、学生さんが自分でこの会社は自分にとって難しいかどうかという判断をするようになってきて、かえってこなくなったということもあります。

我々は厳しい商戦の真っただ中にいますから、新入社員も戦いに参加しなければいけないということはわかっています。ところが会社の創業当時は、逃げ腰になっている人もみんな来たわけです。ここはもしかしたら楽かもしれないという予断もあったでしょう。ところが、今は全部わかります。だから、ほんとうに力のある人が来ます。それでもたまたま知らずに来る人もまだいるんですけど、私が面接していいと言えば間違いないと思っています。この業界のことが好きで、ガーデニングということに興味があって、それから会社の風土が好きであれば、あとは関係ありません。

将来うちの幹部になりそうな人物かどうかのポイントはまず、学生時代にクラブ活動に参加していたかどうか。それは文系でもいいのですが、まずリーダーシップがとれているかどうか。それから、上下関係、組織の伝達ということがある程度わかるか、そしてちゃんと返事ができるかを見ます。

おそらく私がほかの会社の社長さんと違うのは、私自身ができない社員だったから、社員のことがよくわかるとうことです。私はいろいろな社長さんや幹部の方と話しをするのですが、わかってないのにわかったふりをする人が多いということです。それは多分、自分でこの辺はわかっていると自信を持っているからでしょう。ところが、私はもともと学校の成績がよくなかったから、ともかくちゃんと理解をしないことには人に伝えられないのです。

私は人の力は無限であるということで、会社の経営計画書にもいろいろ書いているわけです。結局、人の力を無限でなくしてしまうのは環境です。周りがあれをしろ、これをしろと言う。それは親でも会社でも一緒です。ほんとうに能力があって、本人が努力しながらうまくネットワークさえつくっていったら、だれだって大きく拡大していくのです。ただ、途中で休む、怠ける、いいかげんにする、理解もしないのにしたようなふりをする、伝えたことの判断が悪い、きょうのことはあしたに回せとか、そういう繰り返しの中でだんだんだめになるのですが、もともとはそれさえもさせないのが組織なのです。そしてマニュアル化してしまうのです。ですから、当社はできるだけマニュアルをつくらないようにしています。

それに、タカショーにはノルマがありません。目標、予算はありますけど、ノルマはないのです。結局、ノルマをかけると、結果が目標になってしまうからです。そうすると、その目標のためだけの作業になってしまって、手段としての作業はどうでもいいようになってくるのです。本来は手段としての作業、いわゆる世界の人たちにガーデニングを通じて、すてきな生活、暮らしをお送りしようということの具体的な努力の中で、一年間の結果が出るものなのです。

ですから、少々おこがましいのですが、業界を育てるという気持ちをしっかり持たないといけない。ということは、ビジネスモデルだけで業界の中で仕事をするということではいけないということです。本来、時代をよくするという企業としての価値をちゃんと持ってリーダーシップをとっていけば、全体がそう動いていきますけど、だまし合い競争になってくると、これは大変なことになります。たとえば、悪質な訪問販売があると、訪問販売業界自体を殺してしまうのと同じです。

目標の数字は、経営ですからある一定の数字がないとできません。その意味では、もちろん将来の目標があるし、マーケットの予測で、このくらいの売り上げになるだろうということはあります。そうした数値を立てれば、それに対して手段、作業手段が出てきます。実はこの作業手段が明確になってないと売り上げの結果につながっていきません。その作業手段をいかに早く、品質よくお客様に理解してもらえるようにやっていくかが売り上げとしての達成度を上げていったりするわけです。だから、それは幾らでも追い求めます。

例えば料理であれば、この材料を使えばこういう風味が出せて、こういうふうに装飾して出せばこんなにお客様に喜んでもらえる。ところが、この材料は利益が上がるからという理由だけでこれをお客様に出して、売り上げを上げようというのではダメなのです。一生懸命お客様に対して喜んでいただけるという付加価値を上げる手段をしっかりとって、結果として利益が上がるという考え方が本筋です。

怠ける社員をどう指導するか

怠ける社員をどう指導しますかという質問もよく受けますが、私はしばらくほっておきます。本人の悪いところが形が見えたら、もちろんどこかの時点できっちりと話はします。しかし、まずは自分でやって見せます。子供にでもそうでしょうけど、仕事をやる自分の背中を見せるということです。明快な経営計画、数字、予定、チェックを繰り返しながらその社員にはやってみせるのです。それによって、本人が目覚めるまで待ってあげるということが大事だと私は思っています。

非常に優秀な大学を出て、会社へ入る前にはいろいろな企業から誘いも来て、いざ会社に入ってくると、現場は一からです。スタートから上昇気流でいけると思っている人はだんだん仕事をなめてきます。そういう人は一年ぐらいして何となく嫌気が差してきて、目線が下がってくるんです。もうこれはまずいですね。生意気に「今月いっぱいでやめさせてもらいます」と言う。そういう人には「わかった。今日やめてくれ」と言います。その人の仕事ぶりはちゃんとわかっていますから、その人がやめたところで影響は何もないからです。ですから、言葉は悪いのですが見せしめに、今月いっぱいと言ったら、今日の昼でやめてくれと言います。

これは組織上大事なことで、やる気の無さが伝染することのダメージを防止するためです。だから、そういう人には早く辞めてもらわなければなりません。そういう人は自分を正当化するために仲間をつくろうとします。我々は一つの思いを健康的というか、健全な考え方に統一していかなければいけないのですが、そういうときに、必ずそれをむしばむような者が一人、二人出てきます。それに対しては厳しく対処しなければなりません。ですから、いざとなればすぐに辞めてもらうことが大事なのです。もちろん本人も辞めたいと言っているわけですから、全然問題ありません。

昔、ある部署で上司を除いて、スタッフが五人ぐらいしかいないころがありました。ところが、そのうち三人辞めると言い出したのです。残ったのは二人になってしまいますから、これではどうしようもありません。話を聞いてみると一緒になってやめる気はないと言う社員が一人いました。その話を聞いたので、残った二人はすぐやめさせたんです。そうしないと、辞める気のない者もだんだん引きずり込まれますから。

これは非常に大事なことですが、人がやめたいと言ってきたときは徹底して何が悪いのかを聞きます。直せるところはもちろん直します。理屈ばっかり言って人を批判して、それで正当化するというのはよくないことです。素直に悪いものは悪いとして直すものは直す。もちろん直す必要のないものは直さない。自分で自信があることは貫き通すことも大事です。

うちを辞めていった人で、社会人として成長して、あそこの会社をやめなければよかったなと言う人も少なくありません。

またうっかり一言「辞めたい」と言ってしまった者を、その友達が「こいつは辞めるらしい」と言いふらし、結局本人は辞めざるを得なくなってしまうということがあるのです。だから、社内で絶対そういう軽はずみなことを先走って言うなと言ったこともあります。

そういうときは社員の相談にも乗ります。一度辞めて帰ってきた社員もいますが、その人にはどうして辞めたいのかを聞いて、その理由がわかればもうそれ以上は問い詰めません。よほど腹が決まっているようなら、「よし、わかった、じゃ、行ってこい」と言って、引き抜かれた先へ行ってちゃんと話を聞いて、本人にもたしかこういう条件でもいいんだねと確認します。しかし、実際にいった先で仕事をやってみると考えていたこととは全然違うものです。そうすると、本人も迷います。引っ張られて、こんな夢がある仕事だと思っていたら仕事の内容も条件も違う。しばらくすると、前の会社のほうがよかったなと思うようになるのです。

ですから、私は絶対いい社員だと思ったら、一本の道、わが社に戻れる道だけは開けておいてあげます。経営者だって後継者の経営がまずいときには戻ります。それと同じで、社員だって戻してやらないといけないのです。だから、一本の道だけ残しておく。ただし、戻るのなら一年以内。そして、性格が変わったら絶対だめだといっています。

戻ってきた人はみんな同じことを言います。外へ出て初めてタカショーでやらなければならないことがわかったと。外へ出ていって初めてよさがわかった。そして、やらなければいけないことも初めてわかったといいます。

私の下で経営の話を毎年聞かされていて、大体の会社の方向が見えていたのが、他の会社に行くと学ぶものがなかったといいます。

ですから、日ごろから経営者はこれぞという大事な社員には経営を語っておいたほうがいいのです。そういう意味で、コミュニケーションというのは非常に大事です。

会社の方向性とか、例えばビジネスモデルのアイデアみたいな基本的なところ、いわゆる方向は明確にトップが明示していなければいけない。これがもし私は関係ないというのなら、トップはおりるべきでしょう。

本来トップは方向性を明示すべきです。たとえば、車のメーカーのトップであればこれからは環境にやさしい車の時代だというような方向性です。

もちろんその間にいろいろな人のアドバイスとか、いろいろな会議で議論を積み重ねながらその中で自分が歩き、思い、こちらのほうへいくということを明確に言わなければならない立場です。それが企業の大小に関わらず多分トップの役割だと思うのです。

求人のポイント

求人のポイントはまず、自分の会社の将来像の中でどういう分野の人が欲しいか、まずそこを明確にすることとです。とにかく優秀な人を入れればいいというのではだめです。優秀な人ばかり一カ所の仕事で固まっていても、役に立たないからです。一方、どんなにできない人でも、適切な環境が与えられれば役に立ちます。ですから、会社にとってどこにどういう人物が必要かということを、総合的にまず頭の中で計画的に描いておかないとだめなのです。

つまり人、物、金、組織、売り上げ、将来の計画像の中で短期に、中期に、長期にどういう人を採っていくかという、ある程度そのスケジュールが要ります。そういうことを頭の中に描きながら面接するとその人の気概がわかる。人の性格というか、明るさとか、駆け引きするかしないか、素直であるか、何か伝わる温かいものがあるかどうか、何よりもこの業界が好きであるかどうか、説得力とか、話し方とか、そういうすべてのものを総合的に瞬間的に判断できます。熱意などは、履歴書の中に出てこないのです。

最も大事なのは、その人がうちの会社で役に立つというか、相手から認めてもらって入るか、ただ、入社を単なる通過点にしてしまうかです。人生の大事な過程を決めるわけですから、私は皆さんの前で必ず二つのことを言っています。会社訪問や面接は、その企業を通じて社会の役に立つこと。それから、その会社について自分の人格がつくれることだと。そのために会社はどういうものであるか。人間関係が重要な職場をよく見つめて、たった一つしかできない就職先を大事に考えるべきだと。

戦国時代、日本を統一するときに時代をつくっていったのは実は野武士の集団です。そのときに人事部などという部門は実際にはありませんでした。しかし、あるところまで時代が進むとスタイルは変わるのです。企業を創設していくためには、思いの高い人をどう集めていくかということです。つまり、戦国時代に似た日本を統一するまでの過程というのは、実は昔の歴史の中では既に実証された論理があるわけです。

創業というのは、国をつくるというほどの大きい意識がないとできません。私はよく経営についてお話しするのは、地域のためにやるのか、全国のためにやるのか、世界のためにやるのか、まずそのことがしっかりしないと経営が全く違てくるということです。それによって資本も変わってくるし、人の数も違うし、当然、商品政策も地域的な商品なのか、全国的な商品なのかによって変わります。そういうことを含めて、きちんと考えてやらなければいけないのです。

私が社員さんに言ったのは、まず和歌山で売ろうと考えるなということでした。それは生産性が悪いからです。私自身が実際に自分で和歌山を回りましたからそれはわかります。和歌山を回ると、海南から白浜まで車で二時間半ぐらいかかります。人口が一〇万人足らずのところに商品を買ってもらって、細々とやっているときはそれで十分です。ところが、ある一定以上やったところで、マーケットは広がりませんから基本的にはマーケットのしっかりしたところを戦略としてやらないといけない。ある一定のエネルギーと資金しかないときに、そういうところを回していくというのは苦しいですから、戦略的にどうしていくかということを考えずに市場の薄いところにエネルギーを集中してしまうと戦略にならなないからです。

有能な人材は一年待て

また、経理の責任者をどういうふうにしてさがしたのですかという質問をよく受けます。私もリクルートの人材登録センターとか、銀行関係の人材派遣業とか、いろいろなところに問いあわせをしました。結局は、人材登録センターに登録している人の中からみつけたのです。

炭谷さんという方とたまたま日本アジア投資の会で一緒になりました。大阪にMという会社がありますが、同社のタイの現地法人の社長をやっていたのですが、両親の関係で日本に戻ってきました。しかし仕事もないし、どうしようかという手前のところで、声を掛けさせてもらいました。炭谷さんからは、暫く待ってくれますかということで、一年待って決まったのです。

余談ですが、有能な人材は大体一年待たないと入ってこないと考えるべきです。一日、二日でくる人材は有能とはいえません。私も他社に引き抜かれる社員を送ったり、逆に他社から人材を迎えたりするときに話しをするのですが、そんなときは、引っ張られている、抜かれるという話について、どこへ、いつ、ときくのです。どこへというのは答えづらいでしょうが、いつときくと、今すぐにでもといわれてるというのです。そこで私は「それはやめておいたほうがいい」とアドバイスします。今すぐにでもということは、よほど気にいっているか、よほど向こうが困ってる。困ってるということは、何か問題があるということです。ほんとに必要があれば一年でも待ってくれるはずです。嘘でもいいから一年待ってくれといってみたら、自分の能力はすぐにわかる。それならいらないと向こうがいうようなら、本当に向こうが求める人材ではないということです。

うちも同様で、いい人なら待ちます。どうでもいい人なら大したことないから、すぐにでも入りたいという人は採りません。ましてや、失業している人間は採らない。少なくとも人事に関しては、私は一貫して一つの法則を持っています。

人を採るときにはトップが必ず会って話をして、理解をしてもらって、何をしたいかを明確にして、お願いして、いつまでということになって、何度か会って決めます。最後までお金のことはいいません。お金というのは、どうにでもなります。

値段というのは、その商品の価値が含まれているわけです。先に価格をいってしまって、そのあとに価値をいうというのは非常にむずかしい商談です。人材でも、幾らの給料などといえるはずがありません。うちの会社はこういう会社で、こういうことをしようとしている。これこれするのにこういう方が要る。たまたまこういうところで縁があってみつけた。こういうことをこういうふうにしていってほしいという話をいろいろします。それに対して最終的に待遇はといわれたときに、待遇としてはこういうふうなんですけども、という話をしていかないとだめです。

基本は人と人です。コストは後の問題です。例えば当社の常務は私とは同級生です。大学こそ関西大学ですが、高校から一緒です。代議士の石田君も同級生です。彼は西友に入りました。なかなか優秀な男で西友でもかなりいけると思ったのですが、お父さんが不動産屋をやっている関係で、資格をとって後を継いだのです。

二九歳で石田君の選挙があり、僕は後援会長をし、彼は事務長みたいなことをやったのです。その後、不動産屋をやっていたお父さんが急逝され、残ったのは借金だけです。彼は自分の責任で全部整理をしてアパートにかわることになってしまったのです。

ある日、そんな常務に偶然出会いました。その時は近くの問屋さんに行っているという。給料をきいたら…だといいます。彼はそんな能力ではない、優秀なことを知ってました。

国会議員の石田君が、「高岡は偉い、彼は攻めさせたら最悪だけど守らせたら最高だ」

といいます。彼が選挙の事務長のときの評価です。私は攻めるタイプですが、彼は守らせたらうまいという。

そこで彼に声を掛けて、調べたら給料はそんなことでした。そこで早速呼んで、私の会社に入ってくれないかと頼みました。そうしたら一言、「それはいやだ、友達の会社では気をつかう」というのです。その後もだいぶ時間をおいて考え直してくれといっても、だめだという。そこでふつうは諦めるのでしょうが、私は三回目に彼の奥さんにアピールしました。彼のすばらしい能力がこれからの会社づくりにはどうしても必要だと訴えました。そうしたら奥さんは、「何とか考えます」といわれた。そんな経緯があって、友達同士で気をつかうけどもお互いに割り切っていこうということで、一緒になったのです。

このように、人を揃えるというのはものすごく大事なことです。その後、公門君が一期生で入ってきたわけです。そんなふうにして人材を揃えながら公開していこうということを決めて、かたちをつくりながら中身を揃えていったのでした。

社長は社員と同じ目線の発想ではいけない

社員とのコミュニケーションのつくり方について言いますと、例えば、うちはパートを

「フレンド社員さん」という呼び方をしています。社員は「社員さん」と呼んでいます。

私は幹部は社長のほうをみるのは間違いではないと思っています。しかし、社長は部下をみてはいけない。これは原則中の原則です。

社長はお客さんのこと、いわゆるマーケットをみる。社会をみるわけです。そして、社長がマーケットをみてどうしていくか、どう手を打っていくかということを幹部はよく理解しておかないといけない。幹部の下の人間は、幹部がどう思ってどうしていくかということをみていないといけないということです。

もし社長がマーケット、お客さんを見ずに幹部のことばかりに気をつかっていたら、会社はうまくいくはずがありません。

なかには社員と同じレベルになって、一緒になって喧嘩する人もいます。簡単なことでも社長は迷うものです。それがわかるまでに五年、一〇年、あるいは一生かかる人もいます。しかし、多少ぶれてもいいと思いますが、基本はやはり社長は誰をみるか、どこをみるかです。仕事の上での社長であって、家のお父さんではないのだということを忘れないでください。

そもそも会社をつくったのは何のためか。時代に貢献するためです。時代に貢献するとは、お客さんをいかに満足させることができるかということに通じます。トップはそこを見るべくして会社をつくったはずです。それを見ている社長の方針を幹部が一緒になって考え、実践する。その幹部は、まとまった方針に対して部下は、それはどういうことなのか、どう動いているのかということを常に理解し、意識し、実践していく。それが基本だと思います。

悪い循環になると、商品が売れなくなって赤字になります。そうすると何とか黒字にすることが目的になって、ますますお客さんのほうをみなくなり、営業には「とにかく売れ」ということになります。いい商品をつくろうというのではなくて、とにかく売れという話になるのです。こうなると、末期的です。会社はだめになります。それは第一に経営者の問題だと思います。経営の目標も何もないと収支のバランスをとるために社員をやめさせろという話になっていくのです。

今大事なものと要らないものを切り分けして早く処理する。同時に、ちょっと先のことを明確にしておく。それが基本だと思います。

しかしベンチャー企業のなかには、三カ年計画をちゃんと持っているところが少ないのが実態ではないでしょうか。後に詳しく述べますが、自分が興した企業が一過性の会社なのか株式を公開するに値する会社なのかの判断をすることが大事です。一過性の会社ならば、公開しても場合によってはちゃんとした会社に買ってもらうということもあるでしょう。

もっとも、経営者が個性が強すぎたり、思い上がっていると、手に負えません。自分の力ではなく、たまたま早くその業態に参入したとか、たまたま運がよかったためにうまくいったということも少なくありません。そして一度そういう成功体験を味わうと、その夢から離れられず、壁にぶつかったときに自力で打開しようとせずに、あとは他力本願で、投資家からお預かりしたお金を食いつぶしてやっているところが少なくないのです。

経営についても、上部の数人で目先の方向だけを決めて、全体像は話さず、ひたすら下にやらせるだけ。そんなふうにして数字を出していくというやり方もあるいはあるかもしれませんが、これでは会社は永遠には続きません。

第3部

提言編

産業構造の転換とベンチャー育成への私の提言

第一章

文化価値創造産業の時代がやってきた

文化を産業化する

時代をリードする産業があります。しかし時代が変われば当然その役目は、終了します。終戦後の日本は、焼け野原のなかで基本インフラ整備に力を入れてきました。それが結果として公共事業は、いらないとか赤字になっていくとか無駄なことが過剰になっていくとか、公共事業予算を消化するためだけの公共事業、本来必要もないようなインフラをいまだインフラ整備だと思ってやっている。インフラを再整備するのは大事なことだと思いますが、日本は資源を食いつくしながら発展するというアメリカ型の経済ではありません。埋立ながらやっているオランダとか、狭い国土のベルギー、スイス、ドイツなど、どちらかというとヨーロッパ型に近い経済です。

パリは何もないところからあれだけの街づくりをしました。悠々と皆さんが豊かに暮らしています。それは、文化を産業化していったからです。日本が生きていく中で、もちろん文化ばかりが産業ではないと思いますが、全体的なバランスが崩れた、価値観が崩れた部分を再構築していくには、文化を産業化していくことは、いいことだと私は思います。

日本は終戦後、建築も洋風スタイルが定着しました。その中で室内の生活、食材文化、衣料の文化も欧米化しました。残されたのは、庭の暮らし方、また戸外、屋外での暮らし方です。これをわれわれとしては、ガーデニングの中で産業化していきたいと考えています。基本的には、家族が日差しの中で幸せな暮らしができる、家族の笑顔が満ちあふれるようなガーデンです。見るガーデン、心の休めるガーデンはかなりできていますが、これからは庭の中で暮らせるガーデンを普及させていきたいと思っています。

話が変わりますが、終戦後、メーカーは、大量に儲かるものをいかに安く造り、流通に乗せてマーケットに落とし込んでいくか、こうした生産性と低コスト性で利益を上げるという仕組みを追求してきました。

ところが、その結果、日本のエクステリアは、世界の中で異常な国になってしまいました。狭い庭のスペースに門扉、フェンス、カーポート、バルコニー、物置等がいっぱい満ちあふれてしまい、自然との共生とか太陽の下での健康的な暮らし、家族で幸せを味わう、昔でいうと縁側に人が集まるというような日本にあったすばらしい文化が、実は消え去ってしまっているのです。庭は、商売の道具としていかに使えるかという発想に変わってしまったのです。そうではなく、知り合いの人が庭から入ってくるような暮らし方をもう一回再構築していかないといけないと思います。

たとえば庭でお茶を飲むというスタイルがあります。これは日本でもよく行われていたもので、日本の庭文化だと思います。それがいつの間にか洋のスタイルとして取り入れられています。庭でお茶や食事を楽しむというのは、いうなれば日本もイギリスも同じ精神なのではないかという気がします。

しかし、それを楽しむための演出が違うということがあります。イギリスは、これがとてもうまい。庭の表と裏の使い方をきちんとやっていて、景観という点でもいい効果をあげています。日本でも田舎の風情、縁側文化といった和のよさと洋の創作的な部分がミックスする新しい庭を提案していこうと考えています。世界に誇れる和の世界観を基本とした新しいリビングガーデンです。

庭にいくつかのスタイルがある中で、共通する基本があると私は思います。とくにわれわれがいっている風、光、水、緑。基本的には、健康は、体の健康と心の健康があると思います。われわれの精神、魂は、心です。日本の庭には、心、魂が、安らげるような空間、禅の世界とかいろいろあります。それと感動する心、幸せを感じる心、そういう心をわれわれは庭に求めながら四つのコンセプトをつくっています。

風は、風味、風合い。世界の中で珍しいですが、風味を醸し出す料理のある国が日本です。たとえば風合いとか庭を歩いて風を感じる。庭にとって風は絶対不可欠の条件です。風の流れない庭は、とんでもない庭です。

それから光。光は、水とよく併用されますが、心に対する揺らぎの世界です。なんともいえないメルヘンチックな空間です。

水は、後ほどの述べるビオトープも含めて基本的にすべての命のオアシスです。音、水の揺らぎ、水が流れる、水の世界。

緑は環境です。

この四つをキーワードにしてタカショーは、心で見て感動するシーンをつくっていく。

水と光は組み合わせると美しい輝きをみせる。これからの庭にとって、大事な要素です。

これで日本の庭文化の、とくにウエスタンサイドの文化を海外から日本に取り入れて、日本の文化のいいものを海外に紹介していく。そういうことをやっていきたいと考えています。

シーボルトの心情

とくに皆さんがあまりご存じないのが、和の庭に咲く花です。日本の花や木、緑も美しいことは、それはかつて海外に渡った日本固有の植物が、いまでは世界中に広がって多くの人たちに愛され、いまもたくさん植え続けられていることによって証明されています。たとえばカナダで日本のカエデが愛されている。オーストラリアでは、ミヤマシキミが植えられ、世界中に普及した寄せ植えは、元をただせば日本の生け花をヒントにアレンジされたものであるともいわれています。『フローラヤポニカ』はプランツハンターとして知られるシーボルトが、編集発行した日本植物誌ですが、その中でアジサイは有名です。アジサイの学名は、OTAKUSA。これはシーボルトが愛した奥さんのおたきさんのことです。シーボルトが長崎で出会ったたきをおたきさんと呼び、おたくさと発音したことからだといわれています。日本女性の美しさと日本の文化の美しさ、そして日本の清楚な美しさに心を打たれたシーボルトの心情が伝わってくる逸話です。

江戸の時代より海外にわたったたくさんの日本の植物が、そんな日本の歴史や文化や美意識を世界の人たちに教え、語りかけるそんなシーンが、いまも静かに広がっているのではないでしょうか。日本で生まれた花たちは、いま世界中で愛されている。日本の植生はすばらしいと思います。

ところが日本人が日本をいちばん知らないのではないでしょうか。北海道から九州まで実に豊かな植生があります。具体的に何種類かはわかりませんが、たとえばイングリッシュガーデンは、植生が少ないのです。日本の場合は、季節があり、彩りがあってなおかつ植生の中にいろいろな生き物たちが顔形を変えていく。そこに季節、天候が入って、雪のシーンがあるという具合で、すばらしい植生があるのです。

季節の花を私たちの庭にもっと咲かせたい。六月の雨に濡れながら道端で鮮やかな色を咲かせるアジサイ、またコスモスは秋の風に香りをはわせながら咲くのです。

それから日本の文化です。日本の文化を背景にしたような空間をわれわれの暮らし方の中にどこかにちゃんともってデザインし、空間づくりをしていく。地域の町並みとか、地域にもともと長くもっているものを、いまの素材といまのデザイン、いまの施工でわれわれがつくっていかないといけないと思います。それが実際にはどこの町へ行っても同じです。これもインフラ整備型の弊害です。

日本の戦後はまさにアメリカ型の町づくりでした。しかし日本は、ヨーロッパと同じように古い歴史があり、文化があります。そういうものを考えながら、われわれは町づくりをしていかなければなりません。環境と文化を産業化することが大事です。

季節が醸し出す美しさも、世界の中でたぶん日本が一番でしょう。海外からの旅行で日本に季節を見にくる。季節を感じにくる。こういうのが各家庭の庭の中に演出できるのですが、残念ながらせっかくもっている価値観を何かにすり替えてしまった。庭の中の暮らし方の中に自然共生、自然と共生しながら人も生かされているという空間づくりを、リビングガーデンとしての住むという部分と共生という部分の中でうまくできるようにしていかないといけません。

タカショーがガーデンをつくる上で考えているのは、大量生産型の庭とか大量生産型のものの販売ではなく、それぞれの地域の文化、それぞれの生活をそれぞれの幸せの形をどういうふうにデザインし、お金があれば幸せとかモノがあれば幸せではなくて、幸せの形をデザインして庭をつくり、空間をつくることです。

デザインというと、日本はどうしても工業デザインに価値があると思っていますが、わわれわれの考えは、環境デザインで、これからは環境デザインが大事になると思います。もともと庭での暮らし方、地域での環境の演出、地域での庭のあり方、それぞれの地域の歴史、暮らす人々は、みんな違うし、年代層も変わってきます。ですからそれに応じたデザインがされないといけないのです。ところが、日本は、これも同じ工業型で、ハウスメーカーがつくる庭ではフラストレーションがたまりやすいといわれます。なぜかというと画一的な考え方でデザインされたり、予算的な考え方だけで庭が演出されるものだから、どうしても無理があるからです。ベースはつくってあげられる。いろいろな多用途の器だけつくって、その中でそれぞれの人の幸せは、それぞれの人たちがちゃんと演出できるような器と背景をつくっておきながら、そこに暮らす人々は、自分が楽しく、興味ある、また個性ある暮らし方をする場合は、それぞれのガーデンセンターなり専門店に行き、便利に何か必要なものがあればホームセンターに行って買うというふうにしながら年代に分けていくことが大事でしょう。

産業革命以来の大変革

全てはお客様の満足感をなによりも大事にというのが商売の基本ですが、そう考えるとこれからは文化価値創造産業の時代になっていくと思います。極端に言うと、世界の歴史を変えた産業革命以来の時代の変革が到来していると私は考えます。

手作りでモノをつくるという産業形態から、大量供給システムが大勢となって以来、二〇〇四年を迎えたいま、情報のスピードと加工とネットワーク化が大きな時代の波になり、かつての製造中心の革命から、今回は生活者サイドを中心に大きな構造的大改革が始まっているのです。

日本の産業構造変革は、まず一つ目にコンピュータ化、二番目は基幹的産業の役目終了と、サービス、満足、安らぎ、楽しさを重点にしたゆとりある産業構造への移転。そして三番目は、国を越えた国際化であると思います。これら三つが同時に日本を襲っているのです。もっとも、これは国によって経済の歴史や発展のスピードや内容により全く違います。世界も欧州連合と、近未来に日本と中国を中心にしてのアジア一極化、そしてアメリカを中心とした多国籍経済の三極化していくでしょう。

日本の全ての産業は大小を問わず、時代に沿った企業として日本を支えていくのであれば、上の三極化の経済情勢を無視してはいけません。

国家管理社会主義によって守られた日本では、鎖国金融から、自由な世界金融へ予想もつかないくらいの速さで開放されていきました。

資本の投資に対し、利益の出せない会社は批判を浴び、やがては利益も出せる高品質の企業にM&A、吸収合併されたり、つぶれたりという憂き目に合うことになるでしょう。

大企業の仕組んだ大量供給型、自分に都合のよい供給体制、世界でも異常な高コストの東京型企業などはさらに厳しくなるでしょう。一方で、文化が世界中から日本に流入してきたために、日本の文化との接点は非常に大事になり、本当の日本の文化産業はこれから夜明けを迎えるのではないかと思われます。

そうした観点の中で、たとえばガーデニング産業に目を向けると、日本の人がいまこれから求めようとしているものは、健康的な、太陽のあたる庭での生活、家族の愛、自然との語らい、安らぎの空間、コミュニケーションできる生活文化への転換時期にあるということになります。

いままでは、架空の価値観をつくって、マーケットを刺激して、それがさも価値あるかのようにしびれさせて、それを問屋さんにいいことを言って、バックマージン払ってもなんでもいいから一番好都合な流通形態をつくって、それで施工店にうまくやらせて回していくという、一種のバブル現象でした。

海外ではこんな形態はありません。環境がベースになっていて、社会のためになにをしたらいいかということの基本の中で企業がやっているというのが、ガーデン産業なのです。しかし、日本のエクステリア産業は、実は仮想のマーケットをつくって、その仮想を実体という意識を持たせる。いわゆるこういうものがついていないと家じゃないよと。ですから、これがあったらすごくいいような気がしてしまうのですが、後になったら、なんでこんなゴミを家に取り付けたのかなと思うようなものがいっぱいあるわけです。

ドイツの自然保護法

インフラ整備型産業は日本が経済発展していくことが大前提です。いままでの橋を壊し、もう一度橋をつける。いまはそれが最盛期です。しかし、これではいわゆる公共事業型だけが大きくなっていきますが、基本的にはなにも変わりません。

それよりも先進国などの国際的なネットワークの中で生きていくのであれば、新しい構造型にしていかないといけない。

変革という中で、また新しい産業の流れのなかで自分の会社を適応・進化させていくことが大事です。一〇〇年以上の歴史を持っているゼネラル・エレクトリックも同じです。

終戦後、貧しい衣食住環境のなかで、衣料品と食料品分野ではGMSとかスーパーが生まれて、そして時代と共に変わってきました。またファッションの専門分野でも変化を遂げてきましたし、住まいについてもハウスメーカーさんも時代に合わせて技術革新を含めて変わってきました。残ったのは庭です。かつて日本はすばらしい庭を持っていた時代がありました。しかし戦後のアメリカの経済政策もあって、ものの考え方が本来とは違うところへいってしまいました。

ドイツはその点、自然保護及び景域保全に関する法律、いわゆるドイツ連邦自然保護法というのを、「緑の党」が支援して一九七六年つくったのです。これが、実はいまのドイツのガーデニング産業をつくったのです。実際、一兆一〇〇〇億円の市場の中で、ドイツだけが植物の間連産業が四五％もあるのです。一方の日本は、どちらかというと工業型で六〇％がこのタイプです。

終戦後の工業化の過程で大気汚染が深刻になってきましたが、ドイツはヨーロッパの中でも緑とか人というものを非常に意識している国ですからこの法律をつくったのです。そしてビオトープを、自然保護法をつくりながら産業化していったわけです。

たぶん日本もドイツの後を追う形になるでしょう。

ところが、終戦後、建物は荒れ果てていましたから、そういうときにはインフラ整備型の産業が求められるわけで、そうした時代に合った会社にすれば、経済の成長とともにいい業績も出てくるわけです。

しかしこれからの時代の流れは、環境をつくる会社が重要視されるでしょう。緑を入れ、動植物の生態を守ることを規定した環境保護計画ができ、その環境保護に沿った企業が伸びていくことになると思います。

一品料理のように

産業の転換としてはインフラ整備型産業から文化型産業、ライフスタイル型、こだわり時代です。

環境と文化を産業化するということですが、特に私はリビングガーデン、庭で暮らす生活がこれから重視されることになると思います。

このリビングガーデンをはじめ、新しい生活提案、それに関連したデザインの重視、このへんのところが、たぶん文化型の産業化として今後大きなものになっていくと思います。

それはガーデンだけの話しではありません。料理屋さんでは創作料理のお店が流行っています。これは食べるためだけのお店ではなく味わう店です。それは例えば光とか、それから雰囲気とかを楽しむお店です。

そういうところは、まず材料が吟味されていて、料理の仕方や献立に工夫があり、さらにお店の雰囲気というこれら三つが十分行き着いてるのです。おそらく庭もこういうふうになるでしょう。ところが残念なことに、造園さんは庭の新しい材料さえわからないのが現状です。例えば塗り壁一つをとっても、家とのコーディネートによって材料がかつてのようなものではなくなっています。こういうふうなことを考えていくと、まず材料を整備して、付加価値を付けて、風味まで持つものにしていかなければなりません。実は昔は日本の庭には風味があったのです。

今後の市場は文化型、「あるだけでいい」から「こだわる」時代に入っていきます。ファッション型とか暮らし心地という部分が出てくるのです。これは実際にはなかなかむずかしいことです。

ドイツのマイスター

ドイツのケルンで私はある日の朝、展示会場に行こうと電車に乗る前にふと見ると、職人さんが石を放射線状に並べているのです。ご存じのようにドイツはマイスターと呼ばれる資格制度がしっかりしています。資格を持った職人さんがきれいなモノを作っていく。これを見てすごいなと思いました。

ところが日本にはそういうものが残念ながらないのです。日本は一点主義ではなく流通主義なのだと思います。将来ゴミになろうが関係ない。ＰＬ法ができたらＰＬ法だけに執着する。だから日本の産業構造変革というのは、インフラ整備型から早く脱却して文化産業型、いわゆる着心地とかファッションとか楽しさとかを重視する産業構造に持っていかないとだめなのです。

産業の転換を分かりやすく言えば、あればいい時代からこだわる時代に入っているということです。もちろんインフラ整備型がゼロではだめです。少なくとも五〇％ぐらいはインフラ整備型というのは残ると思います。労働サイド型の業態というのがあります。その後ライフスタイル型、カテゴリー型の産業が出てきます。片方が消えてしまうわけではなく、両方存在するのです。これが私の言う産業構造変革なのです。こういう構造変革にすると、日本経済は次のステップアップで再生されると思います。そして、その再生を急がなければなりません。

第二章

第四の波、ビオトープが経営に与える影響

ビオトープとは

ビオトープとはギリシャ語のＢｉｏｓ（生命）＋Ｔｏｐｏｓ（場所）が、ドイツ語のＢｉｏ（生き物）＋Ｔｏｐ（場所）を意味する言葉として、Ｂｉｏｔｏｐ（＝「生き物の住む空間」）となったドイツ語の合成語です。そしてビオトープ事業とは、生き物が住める生態的空間を、保護・保全・復元・創出することです。

ビオトープという言葉に類する言葉は、各国にあります。多自然型という言い方もその

一つです。いままでは単一自然です。というのは、植栽をする場合、木の実がなるとか花が咲くとか、動植物のお互いの命のもたせ方が大事です。これは単一植生では無理です。地域もそうです。北海道から沖縄まで多植です。このようにこれからは単一から多植に変えないといけないのです。これがビオトープの一環です。建築用語で環境共生という言葉もありますが、基本的にはまとめてビオトープと呼んでいいでしょう。

これは「命のある空間」と言い換えても良いと思います。われわれは命の循環の中で生きているのです。命のあるものを食べると、われわれの命につながるのです。

命の歴史を単純化してさかのぼるとまず植物があって、魚が生まれ、動物が出現して、そして人間が誕生するという生命の樹が描けます。そして人が安心して食べられるものは何かというと、順番で行くとまず植物、そして魚、それから動物です。猿とか人間を食べることは経験上からタブーになっています。こういうことは考えてみれば自然的な現象で、人間にとって祖先の遠いものを食べたほうが安全なのです。ところが人工的に環境を作っていくものですから、命の循環システムそのものを崩してしまっているのが現代です。

こういうことに危機感を抱いて、われわれが人として生きながらえるためには、すべての命を循環させてやらないといけないということがわかってきました。そして生活環境と

すべての生命が設計の中にとり入れられているビオトープ空間。水辺のあるくらしはすべての生き物のオアシスです。

しての庭の中に命の空間をつくれる唯一の産業は何かというと、われわれガーデニング産業なのです。室内に命の空間はつくれません。ということは、命の空間、また自然を再生する唯一の業界はわれわれガーデニング産業ともいえるのです。ほかの産業では公害を減らしたり、あるいはせいぜい環境をキープする産業にすぎません。

命の空間の基本

ところで命の空間の中で基本になるのはやはり緑と水です。

たとえば川を蛇行させ、そこに葦を植える。水が止まる池、水たまりは死にますからポンプを使って水を動かすのです。人間の心臓のことをポンプと言いますが、それと一緒です。環境問題で日本が大きい間違いをしたのは、山の中に檜と杉を植え込んだことでしょう。これが保水効果を減らして鉄砲水を増やしたのです。広葉樹を減らして針葉樹にしてしまったのが原因です。

さらにはひどいのは、自然づくりまで工業的になっていることです。本来はすべての生き物のためにどういう植生があったらいいかという発想です。例えば鳥が木の実を食べて、鳥が飛んで行って地面に落として新しい杜が生まれるという循環で来たわけです。ところが木の実を削ってしまって、鳥の住処も削ってしまった結果、循環が崩れてしまったのです。そうならないために何が必要かというと、実はビオトープ法のようなものです。教育の中では既にビオトープが取り入れられていますが、日本には環境を包括的に守る法律がないのです。それは自然は人の手を入れないとだめなのだと言うことが理解されていないからでもあります。

さきほども述べましたが、日本は本来優れた文化とレベルの高い生活意識を持っていたのですが、終戦後、焼け野原になって、衣食住を再度構築することが急務となりました。住は家と庭があって、家の暮らし方と庭の暮らし方のバランスをとれているのがいちばんの幸せです。家の価値観は、庭の価値観で決まるといわれます。とくに日本の場合、心の安らぎのある日本庭園はよくできていますが、残念ながら欧米のような暮らすにはリビングガーテンというものが、ほとんどできてないのです。

もう一つは環境——自然との共生です。命の連鎖を含めての自然との共生。このあたりがトータル的に欠けている。日本の価値観は、工業的な、いわゆる加工貿易の国のそれで、環境に対しては価値が置かれてきませんでした。それは自然に恵まれていたからでもあります。ですから、わざわざそれをつくったり守ったりするという価値観はなかったのです。

しかし、最近はさすがその必要性が出てきました。

ドイツは、一九四〇年代、国土が荒廃していきました。日本とイタリアとドイツは、世界大戦で負けましたが、ドイツが工業化で先行し、それにともなって大気汚染が深刻化していきました。そうしたなかで緑の党が動植物の生態を守ることを決めた環境保全計画を発表し、自然保護及び保全に関する法律、ドイツ連邦自然保護法をつくったのです。これがビオトープ法です。

日本は、島国であるという地理的な利点もあって、環境破壊もドイツほどではなく、まだまだ大丈夫だということでやっていたのです。ところが、それもつかの間、やがて日本も同じく環境の悪化の問題が出されるようになりました。そこで日本も屋上緑化条例が出たのですが、今後ビオトープ法もできるでしょう。命の連鎖が世界的に大事な時代になると思います。

古都・京都の実践

日本の代表的な古都といえば京都です。一二〇〇年の歴史の中で、山も町も人の手が入ってこの古都はつくられてきたのですが、その中で鴨川には悠々と魚が泳ぎ、山にも自然が残り、まだ井戸の水が飲めます。またそれぞれのお寺とかお宮には、竹藪があって、そこに動物とかすべてのものが生きながらえるいろいろな空間があります。たとえば石垣のあいだに草がはえるとか、とにかく命の空間がいろいろなところで一二〇〇年の間、守られているのです。それは決して自然のままではありません。ちゃんと人が手を入れてつくっているから今も豊かな風情が残っているのだというところが大事です。

その京都の桂坂の上のほうに、ビオトープ型の公園があります。もちろんその中に池があり、周りに森があります。そこは柵で覆って人が入れないようにしています。命のバランスが定着するまで一切公開しない方針だからです。そこに鳥とかいろいろな生きものが定着して、安定するにしたがって少しずつ開放していくというやり方です。京都は、そういうことまでやっているのです。

実は、ここは典型的なビオトープ的公園で、人と自然の共同作業を生み出す世界です。

桂坂地域は、ドイツ風の町並みで、住んでいる方が自分でメンテナンスをしています。だれに頼まれたわけでもないですが。植樹についても実のなる木を植えることを前提にし、義務づけられているのです。

里山の思想

日本は、自然を対象とする省庁が国土交通省、農林水産省、総務省などに分かれています。そのため工事をするにも、許可が全部ばらばらになっています。だからこういう多自然型はつくれないのです。それが日本で大きく欠落する部分です。

すでに述べたようにビオトープというのは、自然のままというのではありません。自然とビオトープは、実は違うのです。

「里」というのは、大自然に対して「人の住むところ」をさします。また、都市に対する「いなか」という意味もあります。ここでは、大自然（人がいないところ）と都市との中間に位置する空間をさします。

人間の手の入っていない森林は、大昔からありますし、現在も残されています。その手つかずの自然を、徐々に人が利用しやすい形に変えていった自然が、里山です。ですから、「人間が森を利用しはじめた時から」というのが答えです。

里山は人が暮らし、緑があることが最低条件ですが、人が利用する森林は、皆さんのまわりをはじめ世界中にあります。ただ、日本やイギリスなど先進国の多くは、「木材→石油・電気」というエネルギー革命で、最近、森林を使わなくなっています。逆に、発展途上国では、さまざまな理由から、森林を使いすぎている地域があり、どちらもいい状態とは言えません。

理想をいえば、みんなが利用して、みんなが管理する「みんなの持ち物」であればいいのですが、それぞれ所有者がいます。国であったり、みなさんの住む市町村であったり、個人や企業であったりします。

問題は、みんなが「里山を育てよう」としなかったり、その足並みがそろわないことです。昔の里山も、所有者は様々でしたが、多くの森は、同じように近隣の人々に利用されていました。最近は、土地の所有者が森を放置していたり、近隣の人々が利用することも少なくなって、里山があれているのです。

棚田がいちばんわかりやすいのですが、棚田は人の手が入って、季節によって変わります。たとえば稲がはえて、稲刈りが終わると草が生えてきて、季節によって鳥が飛んできます。また、ドジョウとか小魚も生息しています。しかし、この棚田も放っておくと全部だめになります。鳥も虫も何にも寄ってこなくなります。このように人の手が入ることは、悪いことではないのです。問題はその設計であり、バランスです。そこを科学的に研究しないといけない。人が住む空間とすべての生きものの連鎖を考えたうえで町づくりや環境づくりをしていかないといけなません。これを自分の利益、たとえば石油などの化石燃料を掘り出して、それをプラスチックにして、ゴミにしてしまうことに価値があるという考えでやっていくと、それこそ体の中に老廃物がたまるようにバランスを崩してしまうのです。

いままでは、貧乏だから働く。ですからお金が儲かることは価値があると考えられていました。価値はお金だということでお金を儲けるための行動をしてきました。ところが最後は自分たちが生きられなくなってきたのです。

鳥インフルエンザも狂牛病もそうですが、こうした家畜の病気はたぶん環境共生、ビオトープの観点から見ると人間が引き起こした罪だと思います。これらの家畜はすべて養殖です。免疫の問題とかストレスの問題、何かそういうことがかかわってきてバランスを崩してしまっているのではないでしょうか。

人間が特殊な利益を上げるとか特殊なことで罪を犯してきている。これをもっと学術的に科学的に分析して、ちゃんと法律化しながら世界的に広げていかないと、モノの判断だけではたいへんなことになってきます。昔、鉄腕アトムの世界にあったような、木もないような世界で、人間が空調コントロールの中で生きるという世界にこのままいくとはまっていきます。

お金ではなく価値観の創造を

マネーゲーム化といわれ、お金だけを回す、お金という価値観だけを回すという考え方があるように思いますが、それは誤った考え方です。価値観の創造というものを回すのだったらいいのですが、そこが狂ってしまっているから、おかしい現象が出てきているのです。

いわゆる企業として、それから人として、時代に対して何が必要であるかということを、小さい力でもいいからやることによって日本が再生できたり、世界的に再生ができるという考えをリーダーはしっかり持っておかないと、リーダーがそういう考え方なしに大きい組織になったときには日本を壊してしまいます。

リーダーがそういう考え方を持っていないと、そういうカルチャーが企業の中に遺伝子として残っていかないのです。

商売には浮き沈みがありますし、ある程度は手法としては、弊害のあるようなことが逆に利益を生むということも確かにあります。しかし、それは程々のところで収めて、基本は、やはり人のため、世のため、地球のため、環境のためになるということを頭に描いて、みんなが環境ということに対して意識が高まれば、さっきのビオトープ法のようなものが日本にもできるはずです。そうすれば、将来に喜ばれる公共事業が一挙に増えるでしょうし、産業もそれを先取る形で生まれてきます。

屋上緑化の課題

ビオトープは、企業というよりも、環境を含めてすべての問題の中でどうするかを考えないといけません。その目標は、少なくとも命の空間をつくらないといけないという考え方が、明確に入ってないといけない。ただ緑を植えるというだけではだめで、何の意味もありません。

たとえば屋上緑化条例です。ヒートアイランド現象、反射熱があれば、それがないような工業品を開発すればいいのです。緑を入れないといけないと言いますが、緑であればいいということで、適当な草を植えていたのではだめです。工業的な考えで、草を大量生産し植物を植えるためのベースや排水のためのベースを開発しようとしても、それを生産する過程で出る二酸化炭素のほうがはるかに大きな問題になります。やっていることが支離滅裂であり、やればやるほどどこかで赤字になっているにもかかわらず、とりあえず見た目だけ緑を多くしようというのではだめなのです。

私は成長する庭というか、それをつくったら年々よくなっていく環境の空間をつくっていくことが大事だと思います。

ミニマリズム、禅的な考えです。日本の植生は、おそらく世界で一番でしょう。それほど植生が多いのです。さらにそうしたものを利用した食べもの、着るもの、そういう文化については、日本は世界でも特異です。これはたぶん季節から生まれてくるのだと思います。

たとえばドイツへ行ったら、「ボンサイ（盆栽）」というのがちゃんとあります。長い時間を引きずりながら、それが形となり、人間が生きながらえることのできない一〇〇年とか二〇〇年という年輪を経たものにドイツでも価値を見いだしているのです。

余談ですが、日本からヨーロッパに渡った花で一番代表的なものが、アジサイです。アジサイは、ヨーロッパでものすごく人気があります。いま一番人気ではないでしょうか。このアジサイは、シーボルトが日本からヨーロッパへ持っていったといわれています。たぶんヨーロッパ人は日本の文化の価値がわかっています。逆にフランス料理風かイタリア料理風かは知りませんが、日本で流行っているのは、創作料理です。いろいろな文化が融合しているのでしょうが、そういう料理は、すごく流行っています。それは庭でもそうで、これから日本の庭の文化は、もっともっとヨーロッパに入っていくでしょう。

ビオトープとライフステージ

例えば環境共生、ビオトープということをベースに、それぞれのライフステージは、家の中の暮らし以上にちゃんと考え方を整理しておかないとだめだと思います。それが自然の中で人と生命あるものが幸せに暮らせるという場になるわけです。

人が暮らす場合には、それぞれの年代に合わせて、いろいろなスタイルが出てきます。これも整理しておかなければいけない。

二人だけの暮らしの場では、まず夢は「熱々家族」、すべてが新鮮で魅力的な、トレンディな生活感覚を優先しながら、二人の暮らしが始まるわけです。

やがて子育ての「私の家族」という、子供たちとの触れ合いの場づくり、これは砂場ができたり、遊び場ができたり、もしかしたら池、ビオトープで魚を飼うとか、こういうのが出てきます。幼少期、幼年期の頃に後に熱い記憶をちゃんと呼び起こせるような生活設

緑に囲まれた健康的でやすらげるリビングガーデン空間です。
緑の中にこもれ陽がまぶしいこれからのもっとも注目される空間です。

計、庭の設計をしてあげる。

ところが、だんだん子供も大きくなってきて、旅立つ日がきます。自分たちだけの豊かな暮らしの場づくり、子供たちの幸せを祈りつつ、互いに感謝して心休まる、情緒性ある生活を取り戻すということで、再び二人の生活が始まるわけです。

二人とは言っても、新婚とはまるっきり違います。それ以降、孫が戻ってきて、「安心ほのぼの家族」で、お年寄りと子供たちをつなぐ語らいの場づくり、親への感謝が次世代の最高の贈り物で、温かな暮らしが大きな幸せを呼ぶということで、今度はお年寄りが、それこそユニバーサルデザインに近いような、安心できる、安全な庭でゆったりと暮らす。それこそ死ぬ前は、花の咲く、きれいな花園の中でそのまま天国に行くのが理想的です。

逆に、いちばん淋しいのは、消毒薬の臭いのする病院の中の薄暗いベッドで最期を迎えることです。そういう意味から言うと、人が幸せにこの世を終わっていくのは、死ぬ前さえ幸せであれば、それでいいとも言えます。それまでは、いいこともあれば悪いこともあるのです。

そういうことで、最後に、庭の中で楽しく、生き物と一緒に暮らしていく。園芸療法なんてよく言いますけれども、やはり生き物、植物とか家庭菜園をしながら、生きるものと一緒に暮らしていく。自然と一体化しながらということが、ものすごくこれから大事になってくると思います。ですから、園芸こそ二一世紀の大事な要素になると思います。

二〇〇八年のガーデニング市場

二〇〇八年のガーデニング需要を見てみましょう。

趣味・余暇の要因としては、余暇時間が拡大して、自然に親しむ趣味が重視され、飾る中心のユーザーと育てる中心のユーザーに分化しますが、家族共通の趣味としてガーデニングは大きな需要要因になると思います。

ガーデニング需要について言うと、ガーデニングは趣味やブームを超えて生活に定着し、衣食住のあらゆる分野に深く関わってきます。キッチンガーデンなどの実用面と楽しさの融合ということで、園芸人口は増加していくとみられます。

その時には花木を取り入れた日本型ガーデニングが開花するでしょう。園芸療法の視点を取り入れた公共施設の増加ということで、おそらく医療関係もずいぶん入ってくると思います。特に老人養護施設は、痴呆症防止などの観点から需要が増えそうです。

また高齢化社会の本格化、男性のガーデニング参加も増加傾向にあります。今ガーデニングは男性のステータスになってきています。

そうはいっても、三世代家族の増加、女性が家族の中心的な存在になるということで、ガーデニングの主役は奥様であることには変わりはありません。

さらに自然食品や自然素材の衣料品がブームになっているのを見ても分かりますが、今後はやはり自然がキーワードになることは間違いなさそうです。

住宅に関連しては、輸入住宅の増加によって、住宅サイズは大きく変化しませんが、外回りを重視し、他人に見せるということが第一の条件になります。

技術向上で屋上ガーデンを含み人工緑化が増加するでしょうし、人工地盤をどう緑化していくかも課題になります。マンションなど、戸建て以外にもガーデニングが定着していくでしょう。

二〇〇八年のガーデニング・マーケットは現在の一・六倍に拡大すると見られています。ガーデンと植物、資材の多品種、多種類化が進みます。また新たな空間演出が生まれます。癒し空間の具体化、育てる園芸と飾るガーデニングの二分化、本格的なガーデニング・ユーザーが増加して、販売店、メーカーの人材育成、強化が進むでしょう。

もちろん一般の方にもガーデンプランナーとか、エクステリアプランナーとか、DIY

アドバイザーみたいに、ガーデニングに対するいろんな資格制度、園芸士とかがどんどん出てきます。売り場の拡大・複合化が進み、他業種との連携、開発力、提案力の有無で企業淘汰が進みます。そして日本型ガーデニングの定着で、現場に合わせた個性ある、さまざまなパターンのガーデニングが日本では出てくると思います。

おそらく最も多くなってくるのは暮らす庭でしょう。外へ出れば健康・環境のことに興味を持ち始めます。行政や教育、それから経済などいろいろな分野からこのガーデニングに興味を持ったり、参入したり、ここを発展させるのは、非常にいいことだと思います。

私は工業は決して悪いことではないと思います。ただ自分たちのためだけのエゴで、利益をあげたり、なにか仕組みづくりの中で成長しようというのは大きな間違いだと思います。

ちなみにドイツは一兆一〇〇〇億円、ヨーロッパ全体では三兆六〇〇〇億円の市場があります。

その三兆六〇〇〇億円の中でドイツが三三%、イギリスが一八%、フランス一七%を占めていますが、この中で発展的なのは、すべて環境で、特に水回り、庭でのビオトープを中心に考えられているところが発展しています。

なぜこうなってきたかというと、環境、庭の中ですべての生命の共生を考えていく時代には、環境の再生も生命の連鎖の基本も植物だからです。

生命はすべてお互いの助けを借りつつ、お互いが環境づくりをしているわけです。ところが環境を考えてない国では、例えばクジラだけを守ろうとか言いながら、その一方ではどんどん牛を食べているという、わけのわからないことになっています。いわゆる人間のエゴです。

ドイツでも従来の工業型社会の時代にはこういう比率ではありませんでした。面積からいうと日本とドイツはほぼ同じ。人口は日本のほうが五〇％多いのです。それなのにガーデン市場は日本はドイツの半分しかないのです。これを見ても環境を重視する社会になってくると、ガーデニングの市場が大きくなると言えると思います。

そうなると、植物をメンテナンスするために、例えば芝刈機とか、鋏とか、トリマーとか、それにまつわる園芸素材とか、アウトドアをフェンスで仕切るとか、散水とか、排水とか、ポンプとか、こういうものが中心になって、一つの産業になってくるわけです。

ドイツでは植物が四五％と比重が大きいのです。というのも、例えば高速道路、サービスエリア、そういうところに植生を植えるときには、混合植生というか、多品種のものが

ガーデン市場の展望

The view of a garden market

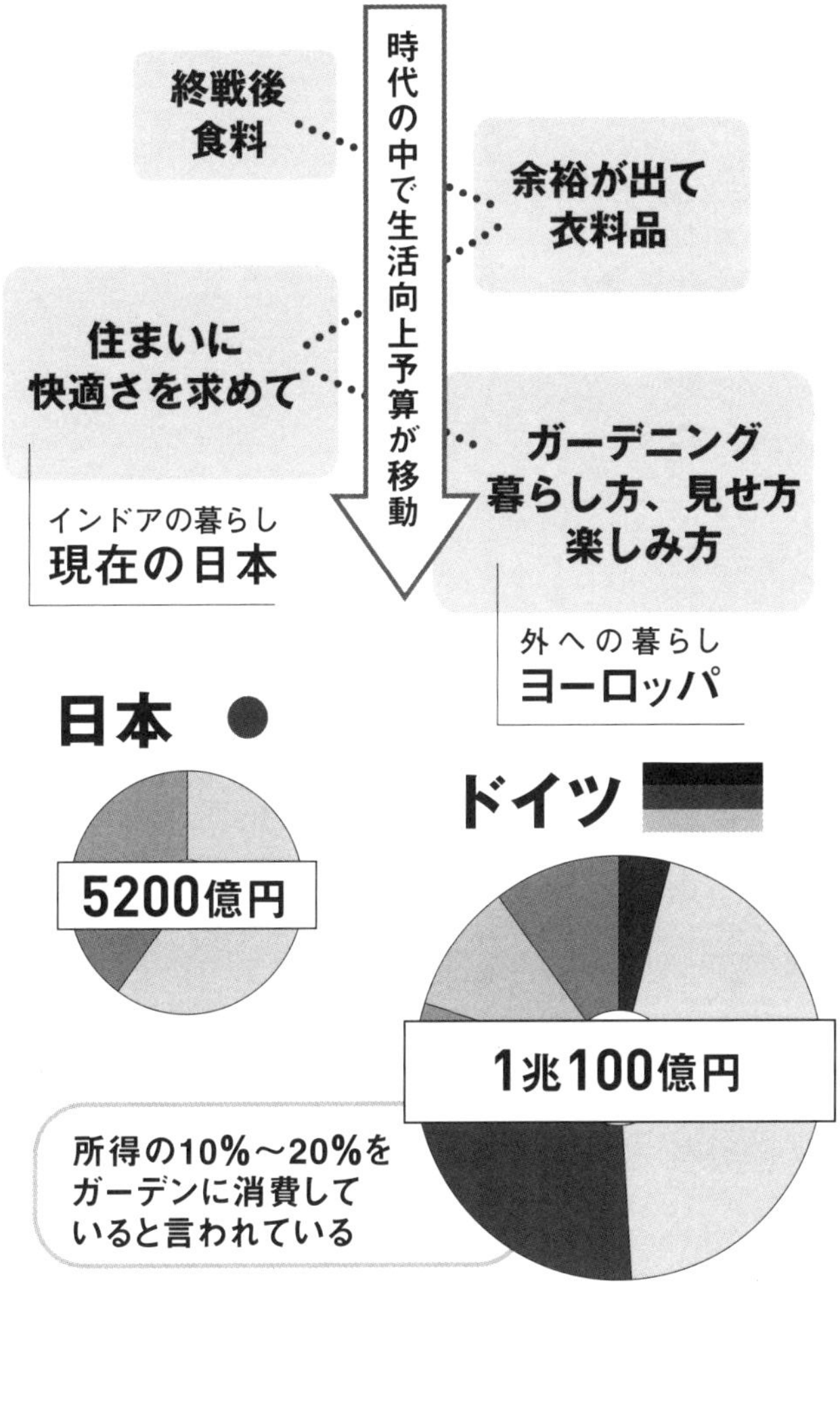

次代につなぐ庭づくり1

Gardening for the next generation

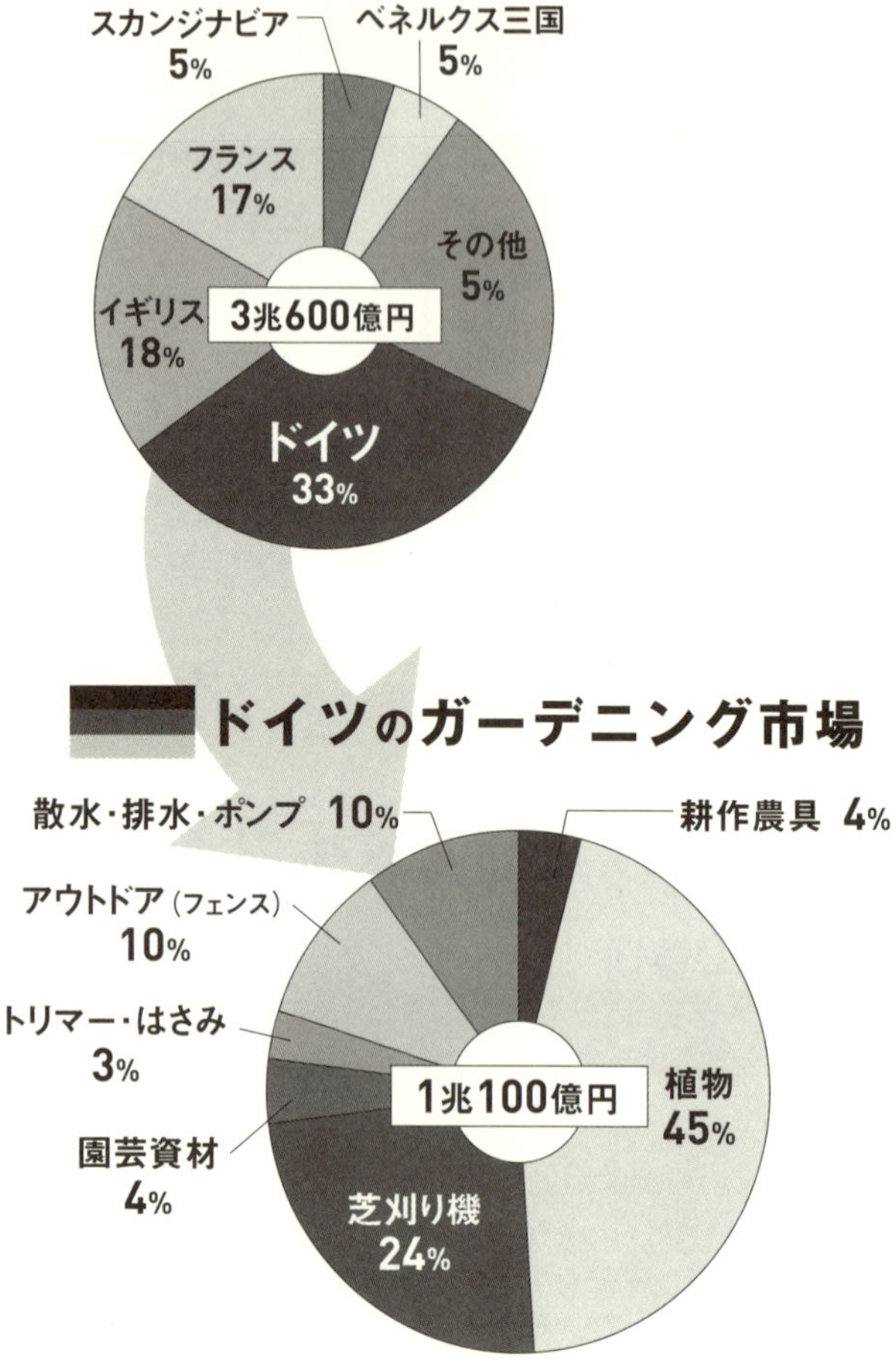

次代につなぐ庭づくり 2

Gardening for the next generation

● 日本のガーデニング市場

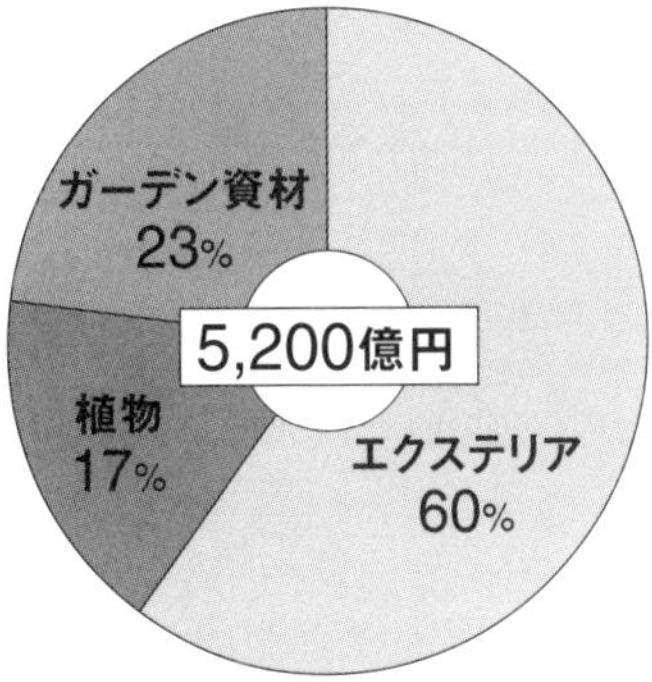

項目	ドイツ	日本	比率
面積（百万km²）	357	378	106%
人口（百万人）	81	125	154%
国民総生産（兆円）	271	592	218%
一人あたりGNP（万円）	316	470	149%
ガーデニング市場（億円）	10,100	5,200	51%
市場／人口（億円）	124.7	41.6	33%
市場／GNP（億円）	32.0	11.1	35%

市場はドイツの半分
人口比率でみると約33%

入ってくるからです。多植生ですから市場の大きさが違うのです。地域とか空間とか庭とか、すべてに緑が入り込んでくるからです。もちろん室内においても緑を飾りますから園芸センターとか、ガーデンセンターも発展できるわけです。

それに対して日本の場合はいまだに工業型なのです。むしろ自然を壊して、工業用商品を並べてやってきたとさえ言えます。実際、植物が占める割合は一七％で、一方のエクステリアが六〇％も占めています。こうした傾向も今後、ビオトープの浸透とともに、変わっていくでしょう。

第三章

ベンチャーを活かす仕組みづくり

政府は明確な産業構造の提示を

ベンチャー企業の振興のためには、私は政府のトップがまず明確な日本の産業構造を提言すべきだと思います。まだインフラ整備を第一、つまり戦後の工業型のままで行くのか、それとも新しい日本の産業構造を新しい方向で考えているのかという基本的な産業構造変革の方策を出すことによって新しい産業分野への参入の動機付けになると思うからです。

もしそれがわかりづらい場合は、先行している国の産業構造を素直に見習うべきです。国家基盤型の国の経済の基本に影響するような産業はこれからも残りますし、それについては財務省管掌の東京証券取引所などに上場することに大きな意義もあると思いますが、これからの新しい国づくり、新しい暮らしづくり、新しいカルチャーを創っていくような企業のための市場、たとえばジャスダックなどの市場づくりを明確にしてもらえばいいと思うのです。

ところが、たとえばジャスダックの業種分類が果たしてアメリカのＮＡＳＤＡＱのように新しい時代の産業構造に対応した分類になっているのかどうか。

昔、その件で一吉証券の会長さんと旧通産省に行ってこの話をしたことがあるのですが、全く無駄でした。

私はその道すがら、ジャスダックがいつまでも旧大蔵省感覚でいることはおかしいとつくづく思いました。基盤産業については国がある意味で関与してもいいと思うのです。日本の金融システムを担う銀行と一緒ですから。しかしジャスダックのような市場では、これから時代とともに伸びていくかも知れないしそうでないかも知れないような企業の市場に対して、政府が基盤産業のための市場と同じように後ろ立てをしなければいけないのかどうかさえもわからないものに関与するということ自体がわかりません。

それから、ジャスダック市場への公開の審査の問題です。東証一部などへの上場の審査基準とか、上場の審査価値とかを審査する人の価値観が、はたして時代の価値観に合っているかどうかもまたわからない。ものの価値観が、どこで判断されるのかという点です。たとえばエイベックスという会社があります。その企業審査を音楽のことなどかわからない、一六ビートもわからない人に、はたして価値判断できるのかどうか。大衆の価値というのがはたしてわかるのかどうか、審査基準を考えるときに非常にむつかしいところです。

上場業種区分の見直しが必要

そういう意味で、これからの時代の業種区分とか、分野区分をもう一回、再構築することが必要ではないかと思います。NASDAQジャパンがだめになったことを機に、ジャスダックを本当にNASDAQの業種構造区分がNASDAQと比べてどうなのかを再検討すべきではないでしょうか。

全国に中小企業家同友会があって、よく講演で私も話をするのですが、次の産業構造のヒントを持っている企業の集まりは、実は経済同友会ではなくて、中小企業家同友会のほうが絶対に多いのです。すでに出来上がっている企業は経済同友会に参加していますが、実はこれからの産業構造がたくさん眠っているのは、中小企業家同友会四万社の中にあるわけです。

ところが何がこれからの時代の中で必要であるかという業種がわからないし、アメリカでNASDAQに上場しているような業種構造区分が日本には全くゼロで、この中小企業家同友会に参加している企業は、とうてい上場などできそうもない、自分の関係している分野は成長性もないし、利益性もないと思い込んでいる経営者が携わっている分野の企業が、実はアメリカではたくさん上場しているのです。

このようにアメリカでNASDAQに上場しているような業種区分があることに、日本の企業は全く気づいてないのです。実際、アメリカでは新しいサービス産業とか、新しいライフスタイルを作るというような新しい区分の考え方の産業、例えば「リラクゼーション」という区分があります。精神を癒すためにモノとサービスを提供できる会社として上場している会社があるのです。

私は、もしNASDAQとジャスダックをつなぐのであれば、まず業種区分に対する考え方を突き詰めていけば、ジャスダックは必ずしも東証への通過点ではないということがわかります。

先にも書きましたように将来、日本の国家を支える企業については、私はやはり東証へ上場して、ちゃんと責任を負うべきだと思います。しかし、これから新たに成長する分野の企業は、なにも東証へ行くことはないと思います。アメリカでもインテルやマイクロソフト、アップルなどのように十分NASDAQ市場でやっていける企業があるのと同じです。ジャスダックもほんとはそうでいいはずです。

私は、ジャスダック的産業構造を海外に見習って分析し、お互い連携して物事を考える土俵を一回調整した上で、それを中小企業家同友会だけでなく、多くの新しいベンチャー企業、また今まで長い間日の目を見なかった若手が、いよいよこれからという時代に差しかかっているというヒントをもらえれば、自信も持てますし、きっかけをもらえれば、上場できると思うのです。

例えば、長い間大衆食堂をやっている経営の方が中小企業家同友会に来ておられました。通常は「お宅の仕事は?」「大衆食堂をやっています」「ああそう、大変ですね」で終わってしまいます。この大衆食堂が上場できるとはご本人も考えもしていないのです。しかし、かつて誰がすかいらーくが上場企業になると予想したでしょうか。そして、すかいらーくタイプのビジネスモデルが時代遅れになっても新たに消費者に受け入れられるビジネスモデルを持った新しい食分野の企業が現れるでしょう。

もしかしたら既存の分類に基づいて日本は過剰なほど上場しているのかもしれません。それに対してアメリカなどの場合は向こうの場合はバランスが取れていると思うのです。それからもう一つは、最近かなり進んできた未公開株の取引、グリーンシート市場が育ってくると、別段ジャスダックに行かなくても、ましてや東証に行かなくても、十分かもしれません。

そのためにも、まずもっていちばん大事なのは、日本の将来の産業構造がどうであるかということを、官民一体になって、もう一回再構築することであると思います。それは決してむつかしいことではありません。ジャスダックも海外市場の現状を十分参考にし、分析して次の時代を作る非常に成長性があり、また新しいサービス機能、これからの時代が必要とする産業分野の区分がどういうものであるかということを再整理すべきだと思います。それを東証の業種区分にしてしまうから問題があるということです。

ちなみにタカショーは商業に分類されていますが、これは私は大問題だと思っています。ヨーロッパの市場でも、ガーデニングの中でさらに細かい分野で上場している企業があります。芝刈機専門の企業などいっぱいあります。それほど、ガーデニング産業は大きいのです。

ジャスダックに上場クラブを

ですから、ぜひともジャスダックは、中小企業が夢を持てる目標、区分をちゃんと出してもらい、その上で「株式公開とは」というような基本から簡単な勉強ができるような機会を作ってもらう、要は投資家にもわかりやすい公開型の企業を作るような指導をしてもらうことが大事であると思います。

実際、われわれが株式公開をしようとしても、どこに相談していいのか全くわからないのです。証券会社やベンチャーキャピタルによる上場するための勉強会や説明会というのがありますが、これはあくまでも上場してもらうのが目的です。ところが、われわれは公開ということを通じて、初めて大きく会社を展開できるスタートに入るわけで、公開するための基本は何であるかということを教えてもらえればいいのです。

たとえば上場に向けて必要になる監査ですが、監査法人一つとっても、例えば地域にある監査法人とか、中小向けの監査法人とか、そういうものが一覧表で整理されたものが見られません。しかしそれはつくろうと思えば簡単にできるはずです。

そして上場のために何が基本的に必要なのか。例えば身内が経理をしてはいけないとか、基本の基本があります。その基本の基本さえもわからない。どこまで何をしたらいいかということもわかりづらいのです。例えば証券会社に指導してもらって、そこで公開したときにいくらお金を払わないといけないのか。

ことほどさようで、いかにベンチャー企業に上場の手を挙げさせないようにするかを考えているのではないかと思うほどなのが、日本の現状です。

株式上場している大手企業は、簡単に子会社を上場させます。だから、どうしても新たな上場企業が偏っているのではないでしょうか。本来もっと上場、公開して市場から多くの資本を集めれば、もっとすばらしい会社にできる企業ができないでいるのです。それはまるで、経験を踏んでいる人は簡単にゴルフ場に行ってゴルフができるのに、初めてゴルフをする人は、いつまでたってもゴルフができないというようなものです

ゴルフは、例えばスコア票は自分で持っていく。クラブは一四本以内なら何本でもいい。基本的には三、四本もあればプレーできますよと言ってあげたら、簡単にゴルフ場に行けるのです。

ところがむずかしいことを言うわけです。ハンディは？　とか。最初からハンディはいくらとか、そういう話が入ってくると、初心者にはわけがわからない。

それと同じで、まずアメリカのＮＡＳＤＡＱとか、海外の進行市場を調べて、これからの日本では、こういう産業業種は成長しますよというふうに、業種を挙げてあげるのです。そしてマッチングできるようなシステムを創るのです。現在、四〇〇〇万円以上の利益をあげている会社が八万社ほどありますが、そうした企業を業種区分するのです。新たに業種区分してあげてもいいと思います。

その上で、あなたのような会社はアメリカでは一六社上場していますが、日本はゼロで、お宅は日本ではナンバーワンです。さあ、どうされますかと言ったときに、二つの道しかないでしょう。公開するか、個人でやっていくかです。

個人でやろうとしている経営者を無理やりに公開させることはありません。一応、相続がちゃんとできるように、例えば個人でいくなら個人でいくように、持ち株会社をつくりなさい、相続会社にしておきなさいねとアドバイスして、その次のステップで、やっぱりむずかしければ株式公開したほうがいいという話になるわけで、そういうふうにしてあげればいいわけです。今の若い経営者はみんな公開志向です。そうすると答えは簡単です。

これから企業年金とか資産の運用が重要になってきますから、どんどん投資先が必要となります。その意味でも私は今後、供給側も需要側もこれほどいい時代はないと思っています。というのは、厚生年金や社会年金は、運用が安定もしないといけませんし、もちろん投資先として、投資を受けやすいようにもしないといけない。ということは、証券流動性がなければいけませんから、将来性のあるベンチャー企業が数多く上場されることは時代の要請でもあるといえます。

ジャスダック市場は成長性と利益性が高く、新しい産業構造を含めて、産業分野、業種が集まっている市場ということになります。もちろんそこにはライフスタイル型の企業が多いのですが、そのような業種区分はないのです。

私は、生活全体、社会全体の中で価値基準にどんな基準があるのか。現在基準と将来基準、いわゆる短期、中期、長期という価値基準をつくるべきだと思います。そうすると、上場区分は飛躍的多くなるはずです。

それは多くのベンチャー企業に方向性を示すことでもあります。多くのベンチャーは、そういう分野があるのなら、今やっている会社を方向転換させてでもそちらの分野へ挑戦させようということにもなります。

そのためには上場クラブでもないけれども、会員制のクラブを作ることです。歌手と同じでステージに上がると人は変わるものです。だんだんとプロの歌手になっていくわけです。今までは確かに地方で経営していたけれども、確実にそういう情報とか、仲間も見て、ジャスダックに上場している先輩も見える。株式公開や上場の話にふれていると、自分はここまで来ているというスタンスがわかります。例えば、あと経理部長を揃えれば一応形がつくとか、もう監査法人が決まりました、監査を受けてこうだったという話も聞けます。そうすると、この段階で監査法人を見つけて、指導していってもらいながらとか、簡単なコンサルタントや証券会社が入って来られたっていい。公開には段階がありますが、それぞれのベンチャー企業の段階ごとに実務的なアドバイスが受けられるクラブがほしいのです。

〈著者紹介〉
高岡 伸夫（たかおか のぶお）

略 歴：1953年 3月3日、和歌山県海南市坂井生まれ
1965年 海南市立立巽小学校卒業
1968年 海南市立巽中学校卒業
1971年 和歌山県立海南高等学校卒業
1975年 大阪経済大学経営学部卒業、建設金物商社に入社
1978年 帰省後、父親の手伝い、山産物卸業を手伝う
1980年 株式会社タカショーを大学時代の音楽仲間、妻と共に設立。ビジネス内容をシュロ縄よりガーデニング関係に広げ今日のガーデニングブームを作り上げる。日本のガーデニング産業を文化型産業へ提唱し、業界の牽引役として活躍中。タカショーをガーデニングの国内トップメーカーへと成長させる。海外事業を積極的に展開、中国には生産拠点を設立。同時に販売拠点を設立。現在もヨーロッパ、北米、東アジアを中心にグローバル化を展開中
1995年 資本増資（総額2億4000万円）
1998年 ガーデニング業界で初めて株式を店頭公開（JASDAQ：7590）

趣 味：ガーデニングと散歩。3年近く地元放送局でラジオDJを毎週日曜日1時間やるのが筆者のフットワークだという。

誰も教えてくれないベンチャー社長学

2004年6月24日 第1版第1刷発行

著 者 高岡伸夫

発行者 村田博文
発行所 株式会社財界研究所
［住所］〒100-0014東京都千代田区永田町2-14-3赤坂東急ビル11階
［電話］03-3581-6771
［ファクス］03-3581-6777
【関西支社】
［住所］〒530-0047大阪府大阪市北区西天満4-4-12近藤ビル
［電話］06-6364-5930
［ファクス］06-6364-2357
［郵便振替］0018-3-171789
［URL］http://www.zaikai.jp/

装幀・本文デザイン Klüg
印刷・製本 図書印刷株式会社

乱丁・落丁本は送料小社負担でお取り替えいたします。
ISBN 4-87932-041-2
定価表示はカバーに印刷してあります。